# Hugo Zährl

## VIER JAHRE IN VORDERSTER FRONT

Kriegstagebuch eines Trägers
der Ehrenblattspange in der
3. SS-Panzerdivision „Totenkopf"

Die Deutsche Bibliothek führt dieses Buch in der
Deutschen Nationalbibliographie

http://dnb.ddb.de

Titelfoto: Hugo Zährl 1944 an der Ostfront.

Hugo Zährl

Vier Jahre in vorderster Front

Kriegstagebuch eines Trägers der Ehrenblattspange
in der 3. SS-Panzerdivision „Totenkopf"

Munin Verlag, 2007
ISBN 978-3-9807215-5-4

Weltnetz: www.Munin-Verlag.de

ISBN 978-3-9807215-5-4
© Munin Verlag GmbH
1. Auflage, 2007

Gedruckt und gebunden in Deutschland.
Satz nach alter deutscher Rechtschreibung.
Satz und Gestaltung: Conscience-Création
Kontakt: conscience_creation@yahoo.com

Dieses Buch ist einschließlich seiner Abbildungen urheberrechtlich geschützt. Das Urheberrecht und sämtliche weiteren Rechte liegen beim Munin Verlag. Der Nachdruck, auch einzelner Teile von Bildern und Text, ist verboten. Dies gilt auch für Vervielfältigungen aller Art, wie Mikroverfilmung, Speicherung und Verarbeitung in elektronischen Systemen, Internet, Bildschirmtext, CD-ROM, Einlesen, Digitalisieren und Übersetzungen.
Jede Verwertung des Textes, der Fotos oder Teilen davon, ist ohne schriftliche Zustimmung des Verlages unzulässig und strafbar.

# Inhaltsverzeichnis

Vorwort des Herausgebers .......................... 7
Geleitwort von Willi Herberth ...................... 10
Das Ehrenblatt des Deutschen Heeres
und die Ehrenblattspange .......................... 12
Meine Jugendzeit ................................. 17
Einberufung und Rekrutenzeit ...................... 20
Verlegung an die Front ............................ 22
Bei der SS-„Totenkopf"-Division, im September 1942 ........ 24
Kämpfe südlich des Ilmensees, 1942 ................... 28
Ssokolowa, südlich Staraja-Russa ..................... 29
Durchbruch von Ssokolowa zu den eigenen Teilen ......... 31
Kämpfe im Raum von Slave Tino ..................... 34
In Frankreich bei der Neuaufstellung, 1942 .............. 48
Stoß des SS-Panzerkorps auf Charkow, Februar/März 1943 .... 51
Stellungskrieg bei Woltschansk und in Belgorod .......... 53
Die Offensive auf Kursk, Juli 1943 ..................... 56
Kampf um den russischen Brückenkopf am Mius, August 1943 . 60
Brückenkopf Kolontajew ........................... 62
Absetzbewegung von Kolontajew bis Krementschug ........ 64
Kämpfe um den Brückenkopf am Dnjepr ................ 65
Kampf um Bairak, November 1943 .................... 67
Abwehrkämpfe im Raum südlich Kirowograd ............ 70
Fahrt in den Urlaub ............................... 72
Zurück ins Paradies, Februar 1944 .................... 75
Kämpfe bei Balta und Rückzug
bis nach Dubossary am Dnjestr, März 1944 .............. 88
In Rumänien .................................... 92
Kämpfe im Raum von Grodno und Siedlce, Juli 1944 ....... 95
Brückenkopf Warschau, August 1944 .................. 98
Abwehrkampf am Bahndamm in Dobczyn, 18. August 1944 ..100
Kämpfe ostwärts Warschau ..........................107
Abwehrkämpfe bei Radzymin ........................109
Neuaufstellung meines Kraderkundungszuges ............128
Im Ehrenblatt des Deutschen Heeres ..................131

Bei Reichsminister Dr. Goebbels ........................132
Offensive in Ungarn, Januar 1945 ......................134
Am Plattensee .........................................140
Unternehmen Vereb .....................................142
Kampf um Stuhlweißenburg ..............................148
Durch Mine verwundet, Februar 1945 ....................153
Der letzte Urlaub in meiner Heimat Sudetenland, März 1945 ..157
Wieder an der Front, April 1945 .......................168
Kriegsende ............................................173
Den Russen entrinnen! .................................174
Wieder zu Hause .......................................185
Im Lager ..............................................187
Epilog ................................................193
Einheiten .............................................204
Beförderungen .........................................204
Auszeichnungen ........................................205
Anmerkungen ...........................................205
Danksagung ............................................221

# Vorwort des Herausgebers

Mit diesem persönlichen Fronttagebuch eines Trägers der Ehrenblattspange in der 3. SS-Panzerdivision „Totenkopf" setzt der Munin Verlag die Reihe von Veröffentlichungen aus der Feder hochausgezeichneter Frontsoldaten des Zweiten Weltkrieges fort.
Das vorliegende Werk wurde von Hugo Zährl als „Tagebuch. Meine Erlebnisse vom 9.6.1941 bis 19.5.1945 beim SS-Panzergrenadierregiment 6 „Theodor Eicke" in der 3. SS-Panzerdivision „Totenkopf" während der Kriegsgefangenschaft verfaßt. Er übertrug dazu seine während der Fronteinsätze handschriftlich zu Papier gebrachten Tagebuchaufzeichnungen in eine maschinenschriftliche Form.
Der Verfasser dieses Fronttagebuches ist der aus dem Sudetenland stammende Hugo Zährl. Er meldete sich im Alter von 17 Jahren kriegsfreiwillig und kämpfte ab Oktober 1941 bis zum Kriegsende 1945 im Rahmen der 3. SS-Panzerdivision „Totenkopf" an der Ostfront. Schnörkellos und äußerst offen beschreibt der junge Soldat in seinem persönlichen Tagebuch die Härte der Kämpfe, die er von Beginn an stets in vorderster Front erlebte. Im Alter von 19 Jahren war er Unterscharführer, am 5. Dezember 1944 wurde ihm die Ehrenblattspange des Heeres verliehen, eine der höchsten deutschen Tapferkeitsauszeichnungen. Auch die Nahkampfspange in Silber kennzeichnet Hugo Zährl als langjährigen Frontsoldaten.
Seine Einheit, die 3. SS-Panzerdivision „Totenkopf", gehörte nach zahlreichen Beurteilungen deutscher Kommandobehörden zu den besten deutschen Divisionen. Auch die Sowjets teilten diese Wertschätzung. Es ist nicht die Aufgabe dieser Veröffentlichung, höhere Kriegsgeschichte zu schreiben, strategische Überlegungen anzustellen oder das Kriegserleben zu überhöhen. Der Rahmen dieser Darstellung ist vielmehr auf den Blickwinkel eines jungen Soldaten bezogen, der in wenigen Jahren des Krieges aufgrund seiner Leistungen in immer stärkere Verantwortung gelangte, die ihn schließlich zum Zugführer befähigten. Als Führer des Kraderkundungszuges in der Stabskompanie des SS-Panzergrenadierregiments „Theodor Eicke" stand Hugo Zährl direkt seinem Regimentskommandeur zur Verfügung und erhielt meist von ihm die Einsatzbefehle.

Er beschrieb den Krieg, wie er ihn erlebte und erlitt. Die Darstellungen seines Frontdaseins sind bewußt unkommentiert gelassen, um ihren geschichtlichen Wert, der auf der originalgetreuen Wiedergabe des persönlichen Erlebens des Autors beruht, nicht einzuschränken. Es wurden vom Verlag lediglich behutsam einige stilistische Korrekturen vorgenommen, ohne in den Aufbau und Stil des Textes einzugreifen. Jedem größeren Tagebuchabschnitt wurde dem Leser eine erläuternde „Erklärung zur Lage" vorangestellt, die die daran anschließenden militärischen Abläufe verdeutlicht.

Das Führen von Tagebüchern war Soldaten eigentlich verboten. Dennoch fand Hugo Zährl an vielen Kampftagen an der Front noch die Kraft, sein Erleben festzuhalten. Sein Fronttagebuch stellt daher zweifellos ein interessantes Dokument dar, zumal es vollkommen unberührt von allen späteren Eindrücken des Verfassers unmittelbar nach den Kampfeinsätzen entstanden ist. Der Autor dachte nicht daran, daß später ein größerer Kreis von Interessierten seine Aufzeichnungen lesen würde, er wollte kein literarisches Meisterwerk vollbringen, sondern hier hielt ein Soldat unter den schwierigsten Bedingungen seine Kampfeinsätze, sein Erleben, in einem Tagebuch fest.

Hugo Zährl brachte in der Zeit vom 9. Juni 1941 bis 19. Mai 1945 sein Erleben zu Papier und verfaßte 1945 in der Gefangenschaft davon die Reinschrift. Dabei fügte er zu seinem Urtext einige wenige Bemerkungen hinzu. Der aufmerksame Leser wird das bemerken.

Der Munin Verlag leistet mit dieser Veröffentlichung einen Beitrag, das persönliche Erleben von Menschen im Zweiten Weltkrieg für die Geschichtsschreibung festzuhalten und der militärhistorischen Forschung zugleich neue Quellen zur Verfügung zu stellen.

„Vier Jahre in vorderster Front" ist ein ehrliches und dabei zugleich spannend verfaßtes Buch eines bewährten Frontsoldaten, der vier Jahre lang den Krieg an der Ostfront in vorderster Linie erlebte.

Dem Leser werden die Schrecken des Krieges deutlich, er erfährt von den Leiden und Entbehrungen, er erlebt den Tod und die Verwundung vieler Soldaten und die ungeheuren Strapazen, denen sie jahrelang ausgesetzt waren. Nur dank ihres jugendlichen Mutes und nie versagenden Elans konnten sie damals an der Front alles Belastende verkraften. Hugo Zährl beschreibt sein Erleben in der Sprache der Jugend – der Leser muß bedenken, daß der Autor im Alter von 17 Jahren seinen ersten Fronteinsatz erlebte – und mit der Unbekümmertheit, mit der ein Jugendlicher in den Krieg zog. Daher ist dieses Buch aus der Hand eines Frontkämpfers eine Kriegsdarstellung, die sich zugleich gegen den Krieg wendet, den die Soldaten und betroffenen Zivilpersonen erdulden müssen.

Hugo Zährl und die Männer seines SS-Panzergrenadierregiments „Theodor Eicke" und der 3. SS-Panzerdivision „Totenkopf" werden in 148 eindrucksvollen, unveröffentlichten Fotografien vorgestellt.

Abgebildet werden außerdem das Original des Antrages auf Nennung im Ehrenblatt des Deutschen Heeres für Hugo Zährl und sein Soldbuch.

MUNIN Verlag

## Geleitwort von Willi Herberth
## Träger der Goldenen Nahkampfspange

Ich bin Volksdeutscher aus der Bukowina und meldete mich Anfang 1941 im Alter von 17 Jahren als Kriegsfreiwilliger.
Von 1941 bis 1945 gehörte ich dem gleichen Regiment wie Hugo Zährl an. Mit der 16. Pionierkompanie des SS-Panzergrenadierregiments „Theodor Eicke" nahm ich an allen Kämpfen der 3. SS-Panzerdivision „Totenkopf" an der Ostfront teil. In diesen Kämpfen wurde ich zwölfmal verwundet; ich überlebte 52 bestätigte Nahkampftage und erhielt die höchste Auszeichnung des Grenadiers: Die Nahkampfspange in Gold.
Der Bitte, das Geleitwort für Hugo Zährls Fronttagebuch zu verfassen, komme ich gerne nach, denn ich kenne ihn gut.
Mit meinem Kameraden Hugo Zährl stand ich in zahlreichen Einsätzen gemeinsam in der vordersten Front. Ich erinnere mich daran, daß auf ihn und seine Kradschützen stets Verlaß war. Hugo Zährl wurde mit seinen Männern oft in besonders brenzligen Situationen als letzte Reserve eingesetzt und entschied durch sein entschlossenes, mutiges Verhalten oftmals äußerst kritische Lagen doch noch für uns.
Es waren die Männer wie er, die treu, unerschütterlich und stets einsatzfähig waren und die ihr Leben jederzeit für die größere Gemeinschaft einzusetzen bereit waren.
Dafür, daß unsere 3. SS-Panzerdivision „Totenkopf" den hohen Anforderungen, die ständig an uns herangetragen wurden, gerecht werden konnte und dabei immer wieder die Anerkennung der vorgesetzten Korps des Heeres erhielt, war auch das durch die hohen Verluste stark ausgedünnte Unterführerkorps der Division verantwortlich.
Bei den ständigen gemeinsamen Kampfeinsätzen in der vordersten Linie wußten wir genau, auf wen wir uns unbedingt verlassen konnten und so entwickelten wir ein Gefühl der Sicherheit, wenn wir mit diesen Männern gemeinsam im Kampf standen.

Uns war klar, daß der und jener nicht weichen würde. Hugo Zährl gehörte zu den Soldaten, auf die wir uns in jedem Kampf bedenkenlos verlassen konnten, mochte die Lage für uns auch noch so schwierig erscheinen.

Bei Zährl waren taktisches Verständnis, das Beherrschen der Waffen und das wendige Einsätzen der Kräder und Schwimmwagen mit seinem stürmischen Draufgängertum gepaart. Als er dann im Alter von 19 Jahren Zugführer geworden war, kam das Verantwortungsgefühl für seine ihm unterstellten Männer hinzu. Er sorgte für sie, obwohl er teilweise jünger war als sie.

Männer wie Hugo Zährl sorgten auch dafür, daß der aus der Heimat bei uns vorne eintreffende Personalersatz nach unseren Fronterfahrungen so gut ausgebildet wurde, daß sie dem ständigen Druck an der Front standhielten und die Möglichkeit des Überlebens bekamen.

In meiner Erinnerung hat Hugo Zährl einen festen Platz des unbeirrten, tapferen Frontsoldaten, wie sie in unserer Division anzutreffen waren.

*Willi Herberth, Träger der Goldenen Nahkampfspange im SS-Panzergrenadierregiment 6 „Theodor Eicke" der 3. SS-Panzerdivision „Totenkopf".*

# Das Ehrenblatt des Deutschen Heeres und die Ehrenblattspange

Der Verfasser des vorliegenden Buches, Hugo Zährl, wurde am 5. Dezember 1944 im Ehrenblatt des Deutschen Heeres genannt und mit der Ehrenblattspange ausgezeichnet. Somit ist er Inhaber einer der höchsten deutschen Tapferkeitsauszeichnungen des 2. Weltkrieges.

Der Originalantrag auf Nennung im Ehrenblatt des Deutschen Heeres und das Ehrenblatt mit seiner Nennung sind in diesem Buch wiedergegeben.

In der 3. SS-Panzerdivision „Totenkopf" wurden im Verlauf des Krieges nur 23 Soldaten mit der Ehrenblattspange ausgezeichnet. An dieser Stelle sollen daher die Ehrenblattspange und das Ehrenblatt des Deutschen Heeres näher vorgestellt werden.

Am 27. April 1940 wurde durch den Oberbefehlshaber des Heeres, Generaloberst von Brauchitsch, eine besondere Auszeichnung für Verdienste vor dem Feinde geschaffen: Die Namensnennung im Wehrmachtbericht. In der Verfügung vom gleichen Tag heißt es:

*„Namensnennung im Wehrmachtbericht*
*In Zukunft sollen im Zusammenhang mit Kampfhandlungen die Namen von Soldaten genannt werden, die sich im Kampfe in außergewöhnlicher Weise hervorgetan haben. Darin ist eine ganz besondere Auszeichnung zu erblicken. Es kommen daher auch nur Taten in Betracht, die sich so aus den übrigen herausheben, daß ihre öffentliche Erwähnung vor dem Deutschen Volk gerechtfertigt ist.*
*Aufgabe der Kommandierenden Generäle ist es, zu beurteilen, ob die Tat diesen hohen Forderungen entspricht. In ruhigen Zeiten wird dabei mit anderem Maßstab gemessen werden müssen, als in Zeiten entscheidender Kampfhandlungen.*

*Als Anhalt gilt bis auf weiteres:*
*I. Vor Eintritt größerer Kampfhandlungen*
 *1. Führer von Stoß- und Spähtrupps, die zweimal unter Feindeinwir-*

*kung entweder eine beträchtliche Anzahl von Gefangenen oder Waffen eingebracht haben oder unter besonders schwierigen Verhältnissen wichtige, der Führung besonders wertvolle Feindunterlagen ermittelt oder erbeutet haben oder die ein den Feind besonders schwerschädigendes Unternehmen durchgeführt haben.*
*2. Kampfhandlungen Einzelner, die in ganz besonderem Maße sich über jede durchschnittliche Leistung erheben.*

*II. Bei Eintritt größerer Kampfhandlungen*
*1. Truppenführer aller Grade, die durch persönlichen Einsatz unter schwierigen Verhältnissen die Kampfhandlung in einer für die Führung besonders wertvollen Weise entscheidend beeinflußt haben.*
*2. Kampfhandlungen Einzelner, die in ganz besonderem Maße sich über jede durchschnittliche Leistung erheben und die in ihrer Auswirkung für die Führung von besonderem Wert sind.*

*Die Namensnennung kann erfolgen:*
*a) Im Wehrmachtbericht des Tages:*
*Wenn der Name gleichzeitig mit der betreffenden Kampfhandlung in den Tagesmeldungen gemeldet werden kann. Das wird nur möglich sein, wenn die Tat oder ihre Auswirkung sofort einwandfrei feststeht.*
*b) In einem Rückblick des Wehrmachtberichts über abgeschlossene Kampfhandlungen. In allen anderen Fällen, wenn die Tat oder ihre Auswirkung erst später bekannt wird. Sie ist dann außerhalb der Tagesmeldung nachträglich besonders zu melden.*
*Besondere Umstände, unter denen die Tat vollbracht wurde, und ihre taktische und operative Bedeutung sind bei den Generalkommandos kurz schriftlich festzulegen und zu den Akten zu legen.*
*Die letzte Entscheidung über die Namensnennung behalte ich mir vor.*
*Die Verfügung hat keine rückwirkende Kraft.*
*von Brauchitsch."*

Im weiteren Verlauf des Krieges wurde im Sommer 1941 das „Ehrenblatt des Deutschen Heeres" geschaffen, worin Soldaten des Heeres und der Waffen-SS namentlich mit ihrem Dienstgrad und Truppenteil genannt wurden.

Wie beim Ritterkreuz und weiteren höchsten Auszeichnungen, mußten die Vorschläge zur Nennung im Ehrenblatt des Deutschen Heeres von der Truppe an der Front erstellt und ausführlich schriftlich begründet werden. Dieser Vorschlag wurde befürwortend von der Division an das Oberkommando des Heeres/Personalamt/P5/1. Staffel geschickt. Vorschläge der Waffen-SS wurden vom Verbindungsoffizier des Reichsführers SS beim OKH/PA/P5 1. Staffel bearbeitet und mit einer Stellungnahme versehen weitergeleitet.

Die Voraussetzung, um zur Nennung im Ehrenblatt des Deutschen Heeres vorgeschlagen zu werden, war eine besondere Tapferkeitstat, die jedoch nicht zur Verleihung des Ritterkreuzes ausreichte. Bei der Einreichung mußte der Betreffende im Besitz des Eisernen Kreuzes beider Klassen sein. Der Dienstgrad spielte keine Rolle. Bei einer Nennung von Unteroffizieren und Mannschaften war damit eine Beförderung zum nächsthöheren Dienstgrad verbunden.

In den letzten Kriegsjahren wurde in höherer Anzahl bei nicht ausreichenden Vorschlägen auf Verleihung des Ritterkreuzes im OKH auf Nennung im Ehrenblatt und damit Verleihung der Ehrenblattspange entschieden. Dies ging u.a. durch die Verleihungsausführungen im Merkblatt des Heeres 15/5 vom 1. Juli 1943 hervor: „Danach können u.U. diejenigen, deren Vorschlag zur Verleihung mit dem Ritterkreuz nicht ausreicht, im Ehrenblatt genannt werden."

Am 1. Juli 1943 erließ das OKH eine Zusammenfassung aller Verordnungen darüber:

*„1. a) Die Anerkennung für eine außergewöhnliche Tapferkeitstat einzelner Soldaten wird in einem besonderen Ehrenblatt veröffentlicht. Dieses wird gleichzeitig mit dem Heeres-Verordnungs-Blatt, Teil C, herausgegeben.*

*Als allgemeiner Anhalt kann gelten, daß einem derartigen Vorschlag zum mindesten die Verleihung des E.K. 1. Klasse vorausgegangen sein muß und eine neue, außergewöhnliche Tapferkeitstat zu würdigen ist, welche die Voraussetzung für die Verleihung des Ritterkreuzes nicht erfüllt.*

*Es ist ein scharfer Maßstab anzulegen.*

*b) Auch kleinere Einheiten bis zur Kompaniestärke können mit ihren*

> *Führern in Fällen eines einzigartigen, aufopfernden und kampfentscheidenden Einsatzes im Ehrenblatt des Deutschen Heeres genannt werden.*
>
> *c) Neben der Namensnennung im Ehrenblatt wird für den Genannten eine Anerkennungsurkunde des Führers und Obersten Befehlshabers des Heeres ausgehändigt."*

Die Vorschläge zur Nennung im Ehrenblatt des Deutschen Heeres wurden nach ihrem Eingang in Berlin bearbeitet und schließlich durch Adolf Hitler verliehen.

Der betreffende Soldat wurde durch die Nennung seines Namens und Truppenteiles sowie durch eine vom Führer unterzeichnete Urkunde gewürdigt. Diese Auszeichnung war jedoch äußerlich nicht ersichtlich und so entstand in der Truppe der Wunsch, daß die durch die Nennung im Ehrenblatt Gewürdigten auch eine erkennbare Auszeichnung erhalten sollten.

Am 20. Juni 1943 erging durch den Chef des Heerespersonalamtes eine Weisung an die Truppe, entsprechende Vorschläge zur Schaffung einer neuen Auszeichnung einzureichen.

Danach stiftete Adolf Hitler am 30. Januar 1944 die Ehrenblattspange.

*„Verordnung über die Einführung der ‚Ehrenblattspange des Heeres'*

*Die im Ehrenblatt des deutschen Heeres genannten Soldaten erhalten zur äußerlichen Kenntlichmachung die ‚Ehrenblattspange'.*

*Dieses Abzeichen besteht aus einem Hakenkreuz im Eichenkranz in goldener Ausführung. Es wird auf dem Band des Eisernen Kreuzes von 1939 getragen.*

*Durchführungsbestimmungen erläßt der Chef des Heerespersonalamtes in meinem Auftrage.*

*Führer-Hauptquartier, den 30. Januar 1944.*

*Der Führer*
  *gez. Adolf Hitler"*

Nun gab es mit der Ehrenblattspange ab Januar 1944 auch die tragbare Auszeichnung für die im Ehrenblatt des Heeres genannten Soldaten.

Die Ehrenblattspange bestand aus einem vergoldeten massiven Hakenkreuz mit Zierlinien in einem ebenfalls vergoldeten hohlgeprägten Eichenlaubkranz, unten mit einer Schleife mit abfliegenden Bändern. Das Abzeichen wurde mittels vier Splinten auf dem Band des EK 2 befestigt und war dadurch an der Uniform recht auffallend.

Die Ehrenblattspange konnte an die Soldaten verliehen werden, die bereits in den Jahren zuvor im Ehrenblatt des Deutschen Heeres genannt worden waren. Jeder Soldat, der nach Stiftung der Ehrenblattspange im Ehrenblatt genannt wurde, erhielt nun direkt die Ehrenblattspange.

Die Soldaten, welche lediglich im Wehrmachtbericht genannt wurden oder die die Anerkennungsurkunde des Führers erhielten, ohne im Ehrenblatt genannt worden zu sein, erhielten die Ehrenblattspange nicht.

Außergewöhnlich war, daß im Ehrenblatt auch kleinere Einheiten mit ihren Führern genannt werden konnten. In ganz wenigen Fällen geschah das, so z.B. bei SS-Hauptscharführer Josef Obermeier, der am 7. November 1943 „mit seiner Kompanie", der 5./SS-Panzergrenadierregiment 5 „Totenkopf", im Ehrenblatt genannt wurde.

Zum erstenmal wurde das Ehrenblatt des Deutschen Heeres am 22. Juli 1941 im Heeres-Verordnungsblatt veröffentlicht. Die Nennungen im Ehrenblatt des Deutschen Heeres sind bis zum 5. März 1945 veröffentlicht.

Im OKH wurde ein gemeinsames Vorschlagsbuch für die von der Truppe eingesandten Vorschläge zur Nennung von Soldaten im Ehrenblatt des Deutschen Heeres und für die Verleihung der Anerkennungsurkunde (eine andere Auszeichnung) geführt. Nach dem Eingang wurde eine fortlaufende Numerierung vergeben, die am 1. Juli 1941 beginnt und mit der Nummer 6363 endet.

Daraus ergibt sich, daß 4272 Soldaten im Ehrenblatt genannt wurden und 1322 Anerkennungsurkunden des Oberbefehlshabers des Heeres verliehen wurden. Eine Anzahl von Vorschlägen für diese beiden Auszeichnungen wurde abgelehnt. Die Ehrenblattspange des Heeres wurde an Soldaten des Heeres und der Waffen-SS verliehen; 18 Nennungen im Ehrenblatt des Deutschen Heeres entfielen auf europäische Freiwillige der Waffen-SS; davon waren neun Letten, drei Dänen, ein Este, ein Schwede, zwei Flamen und zwei Finnen.

## Meine Jugendzeit

Meine Heimat ist das Sudetenland, in Haberspirk bei Falkenau, in der Nähe von Eger, wurde ich am 1. Februar 1924 geboren. Mein Vater Franz war als Bergarbeiter tätig.
In Haperspirk wuchs ich auf und erlebte meine Kinderzeit.
Bis 1806 gehörten ganz Böhmen, Mähren und Schlesien zum Römisch-Deutschen Reich. Nach dem 1. Weltkrieg, im Jahr 1918, zerstörten die alliierten Kriegssieger die jahrhundertealte Ordnung Europas und zerrissen Deutschland und das mit ihm verbündete Österreich. Das Deutsche Reich verlor wesentliche Teile seines Gebietes im Osten, wie Ost-Oberschlesien, Westpreußen, Posen, im Westen wurden Elsaß-Lothringen und das Gebiet um Eupen-Malmedy abgetrennt und im Norden Nordschleswig.
Wenige Tage nach der Zerstückelung des Kaiserreiches Österreich Anfang November 1918 schlossen sich die von Deutschen bewohnten Grenzgebiete von Böhmen, Mähren und Mährisch-Schlesien der neu gegründeten Republik Deutsch-Österreich an. Doch bevor sich die deutsch-österreichische Verwaltung im Sudetenland etablieren konnte, schlugen die Tschechen zu.
Ab Ende November 1918 besetzten tschechische Truppen diese deutschen Gebiete.
Unter dem tschechischen Druck mußten die Regionalregierungen der Provinzen Deutschböhmen und Sudetenland (=Nordmähren und Sudetenschlesien) im Dezember 1918 fliehen, um ihrer Gefangennahme zu entgehen. Die in unserer Nähe befindliche bekannte Stadt Eger wurde am 16. Dezember 1918 durch 500 Tschechen in

Uniform besetzt. Die Stadt ergab sich erst nach Bedrohung durch Beschießung mit Artillerie. Am 4. März 1919 kam es in Eger – ebenso wie in allen größeren sudetendeutschen Städten – zu friedlichen Demonstrationen für die Zugehörigkeit zu Deutsch-Österreich, für das Selbstbestimmungsrecht und gegen die drohende Einverleibung des Gebietes durch die Tschechoslowakei. Bei der Niederschlagung dieser Demonstrationen durch tschechische Truppen kamen mindestens 54 Menschen ums Leben, davon zwei in Eger. Die dortigen Opfer wurden am 3. März 1919 erschossen.

Doch es kam noch schlimmer: Das Sudetenland wurde von den Kriegssiegern des 1. Weltkrieges im September 1919 der neu gegründeten Tschechoslowakei zugeschlagen. Der Anschluß an die neu entstandene Republik Deutsch-Österreich wurde von den Siegermächten verboten und von der tschechischen Regierung mit Waffengewalt unterdrückt. Nunmehr wurden die Deutschen im Sudetenland nach sieben Jahrhunderten in die neue tschechoslowakische Republik gepreßt.

Die Sudetendeutschen bildeten die zweitgrößte Bevölkerungsgruppe in diesem neuen konstruierten Kunststaat, noch vor den Slowaken. Um eine angebliche Mehrheit der Tschechen darstellen zu können, wurden alle anderen Völker benachteiligt, insbesondere die Deutschen.

Der Druck auf die Deutschen hielt auch in den Folgejahren an, die Drangsalierung betraf schon die deutschen Kinder in den Schulen, die gezwungen waren, die ihnen fremde tschechische Sprache zu erlernen, die zu Hause niemand sprach. Auch an den Arbeitsplätzen und im öffentlichen Leben mußten sich die Deutschen vieles von den Tschechen gefallen lassen. Die wehrfähigen deutschen Männer waren gezwungen, ihre Wehrpflicht in der tschechischen Armee abzuleisten.

Im März 1938 erfolgte die Wiedervereinigung Österreichs mit dem Deutschen Reich und auch wir hofften nun verstärkt, endlich wieder von den Tschechen befreit zu werden und zu Deutschland zurückzukommen.

Kurz nach dem Anschluß Österreichs verkündete die Tschechoslowakei im Mai 1938 die Mobilmachung. Der Druck wuchs. Doch durch das Münchener Abkommen vom 29. September 1938 wurde der 20 Jahre lang verfolgte große Wunsch der Sudetendeutschen erfüllt. Sie erhielten ihr Selbstbestimmungsrecht zurück und wurden als Reichsgau Sudetenland dem Deutschen Reich angeschlossen. Der Frieden war gerettet und wir gehörten wieder zu Deutschland. Am 3. Oktober 1938 besuchte der Führer und Reichskanzler Adolf Hitler die Stadt Eger und wurde von der Bevölkerung begeistert empfangen.

Ich erhielt nach meiner Volksschulzeit die Chance, eine Ausbildungsstelle in der Landwirtschaft zu bekommen. Ende Juni 1938 verließ ich das Sudetenland und ging in das nicht weit entfernte Deutsche Reich, nach Bayern, wo ich meine Ausbildung in dem landwirtschaftlichen Betrieb von Johann Bäuml in Hohenwald bei Tirschenreuth in der Oberpfalz begann. Dort wurde ich Bauer.

Ich fand Gefallen an der Arbeit und den dort lebenden Menschen und fühlte mich wohl. Bald darauf, im Oktober 1938, wurde meine Heimat, das Sudetenland, wieder frei und gehörte zum Deutschen Reich.

Von Beginn an war ich eng mit der Natur verwachsen und lernte dadurch, meine deutsche Heimat zu lieben. Zugleich wußte ich aber auch, daß man das, was man liebte, mit allen Mitteln verteidigen mußte, falls es bedroht werden sollte. Und diese Bedrohung kam und 1939 brach der Krieg aus.

Unsere Deutsche Wehrmacht besetzte 1939 Polen und im Jahr 1940 Dänemark, Norwegen, Belgien, die Niederlande, Luxemburg und Frankreich.

Es kam der Februar 1941 und ich war gerade 17 Jahre alt geworden. Auch ich wollte nun meinen Beitrag für Deutschland leisten und beschäftigte mich immer mehr mit dem Gedanken, Soldat zu werden.

# Einberufung und Rekrutenzeit

Schon immer wollte ich zur SS, denn diese Truppe war eine der besten. Ich wollte in einer guten Einheit für mein Vaterland kämpfen. Also meldete ich mich als Freiwilliger, konnte den strengen Einstellungsbestimmungen genügen und wurde als tauglich angenommen. [1]

Endlich, am 5. Juni 1941, werde ich zum SS-Regiment „Germania" eingezogen. Kurz nehme ich Abschied von meinem Chef und fahre zu meinen Eltern ins Sudetenland. Mit allen meinen Wünschen waren sie einverstanden, obwohl es ihnen sehr schwer fällt. Aber den Wünschen ihres Sohnes wollen sie keinen Stein in den Weg legen. Ich konnte die Bedenken meiner Eltern verstehen, denn ich war erst 17 Jahre alt. Aber es war mein Wunsch, Soldat zu werden und bei einer guten Truppe Dienst zu tun.

Am Nachmittag, dem 7. Juni 1941, nehme ich Abschied von meinen Eltern und fahre nach Stralsund. Quer durch Deutschland geht die Fahrt. Am Bahnhof in Stralsund treffe ich noch viele Kameraden, welche auch zum SS-Ersatzbataillon „Germania" kommen. Freudig treten wir den Weg zur Kaserne an. [2]

Kaum sind wir dort angekommen, fängt auch schon der gewaltige „Spieß" zu schreien an. Lang und breit erklärt er uns, daß wir jetzt Soldaten seien, bzw. es werden wollen.

Vorerst werden wir noch nicht eingekleidet. Jeder kann sich den ganzen Betrieb einmal ansehen. Ich kann mir so einigermaßen ein Bild machen, wie es uns in nächster Zeit ergehen wird. Von der „Unterwasserverwendung" u.s.w. bekomme ich schon einigen Dunst. Aber das ist mir alles egal. Ich habe mir mein Ziel gesteckt und das muß ich auf jeden Fall erreichen.

Eines Tages taucht die Parole auf, daß wir nach Holland kommen sollen. Ja, das wäre das richtige Land für mich! Ich drücke beide Daumen, daß diese Parole Wahrheit werden soll. Denn bis jetzt kannte ich Holland bloß von der Schule her. Kurz darauf erfahren wir, daß mein Wunsch in Erfüllung geht; wir werden nach Holland verlegt! Mit viel Marschverpflegung versehen, treten wir die Fahrt nach Arnheim an. Nun geht es wieder quer durch Deutschland, im-

mer weiter nach Westen. Bei Emmerich passieren wir die deutschniederländische Grenze. Immer mehr verändert sich das Bild der Landschaft. Mehr und mehr treten die rauchenden Schlote der westdeutschen Fabriken zurück und machen den saftigen Wiesen und den gut bestellten Feldern Platz. Wunderbares Vieh steht auf den Weiden, Fohlen tummeln sich in ihren Koppeln. Anmutig bunt gestrichene Häuser passen sich gut der Landschaft an. Das ist Holland, ein sehr reiches Land. Genau so habe ich es mir vorgestellt.
Nach zwei Tagen erreichen wir Arnheim. Mit Tempo werden wir ausgeladen, dann marschieren wir zur Coehoorn-Kaserne, wo das SS-Ersatzbataillon „Germania" untergebracht ist.
Die Stadt Arnheim selbst macht auf mich einen sehr guten und gepflegten Eindruck. Noch am selben Tag werden wir eingekleidet. Unser Chef, SS-Untersturmführer Renike, macht seinem Namen alle Ehre. [3] Schon am nächsten Tag stehen wir mit beiden Füßen in der Ausbildung. Grundstellung und Haltung sollten uns später zum Hals heraushängen. Alles wird schnell durchgenommen, denn wir sollen nach einer sehr kurzen Zeit zum Einsatz kommen.
Müde und abgespannt falle ich abends ins Bett. Wenn ich auch am anderen Morgen Muskelkater habe, dann beiße ich eben die Zähne zusammen und schon war alles wieder in Ordnung. Nie werde ich die Boschhuizen und den Galgenberg (nahe Ede bei Arnheim) vergessen. In diesem Gelände werden wir Rekruten nach allen Regeln der Kunst geschliffen.
So geht Tag um Tag dahin. Vier Wochen bin ich nun Soldat. Endlich gibt es auch Ausgang. Darüber ist natürlich die ganze Meute in Unruhe geraten, denn Arnheim kann uns in jeder Beziehung etwas bieten. Aber wie es nun immer bei den Soldaten ist, wir haben kein oder nur wenig Geld... Wenn man noch Pech hatte, fiel man beim Appell durch, dann war es sowieso mit dem Ausgang vorbei. Aber dann konnte jeder sein Geld in der Kantine gut anbringen.

## Verlegung an die Front

Am 18. August 1941 wird die Kompanie vereidigt. Mit klopfendem Herzen stehe ich im Glied und schwöre meinem Vaterland die Treue.
Am nächsten Morgen wird der Transport zusammengestellt. Mit Musik marschieren wir zum Bahnhof. Noch in derselben Nacht rollt der Zug aus der Halle. Irgendwo im Osten liegt unser Ziel.
Die Fahrt geht durch ganz Deutschland bis nach Rastenburg in Ostpreußen. Ich glaube, es gibt nichts Schöneres, als im blühenden Sommer durch Deutschland zu fahren. Ich kann mich nicht satt sehen an der Pracht der Natur. Aber was helfen all die persönlichen Wünsche, wir müssen so schnell wie möglich an die Front. Denn der Kampf mit dem Bolschewismus ist seit Juni 1941 entbrannt.
In Rastenburg bleiben wir noch einige Tage in der Hindenburg-Kaserne. Eines Nachmittags marschieren wir mit gepacktem Tornister und einem frohen Lied auf den Lippen zum Bahnhof. „....graue Kolonnen" singen wir. Manche Mutter, welche aus dem Fenster schaut oder auf der Straße steht, weint. Aber das erschüttert mich nicht. Denn wir alle müssen kämpfen, wenn das Vaterland nicht in die Hände des Feindes fallen soll. Daß es nicht so weit kommen wird, dafür wollen wir schon mit allen Mitteln sorgen. Keiner von uns denkt wohl daran, daß er sein Leben bald lassen müßte.
Von Rastenburg geht die Fahrt über Memel nach Riga. Noch in derselben Nacht wird der Transport auf die russische Breitspurbahn umgeladen und die Fahrt fortgesetzt.
Immer weiter geht es nach Osten. Ziel ist Pleskau an der südlichen Spitze des Peipus-Sees. Vorbei an gesprengten Brücken, vorbei an kaputten Panzern und vorbei an Soldatengräbern geht die Fahrt immer näher an die Front. Die Gräber der SS-Männer kennt man sofort. Denn mit den Todesrunen als Zeichen unterschieden sie sich im wesentlichen von den anderen Gräbern. „Seine Ehre hieß Treue!" ist auf den Runen geschrieben. Jeder machte sich wohl darüber seine eigenen Gedanken.
Allerdings kann man nicht lange darüber nachdenken, denn ständig wechselt das Bild der Landschaft. Hier im Osten bekommt man

erst einen Begriff von dem Wort „Raum". Elende Holzhütten standen vereinzelt am Wege. In Lumpen gekleidete Menschen umlagern die Bahnhöfe. Unwillkürlich fielen mir die Worte meines Vaters ein, welcher fünf Jahre in russischer Gefangenschaft war. Oft erzählte er mir von der Weite der Steppe, von den schlechten Häusern usw. Kaum, daß ich seinen Worten Glauben schenken konnte. Aber jetzt habe ich Gelegenheit, mich selbst davon zu überzeugen. Viele Jahre sind seitdem vergangen und noch immer sind solche Zustände möglich. Unglaublich fast, aber doch bittere Wahrheit. Erst wenn man den Osten gesehen hat, kann man all dies verstehen. Die Leute kennen kein anderes Leben und sind auch so zufrieden. Sie sind vielleicht noch glücklicher, als manch einer von uns in Deutschland in der schönsten Villa. Dieses Volk muß man erst in der kleinsten Faser kennenlernen, um es ganz zu verstehen. Vier Jahre hatte ich Zeit dazu und es ist mir so einigermaßen gelungen. Nun aber wieder zurück zur Bahnfahrt. Nach vier Tagen kommen wir in Pleskau an. Die Stadt zeigt den typischen Charakter des Ostens. Leider bleibt mir keine Zeit, um Pleskau näher kennen zu lernen. Vom Deutschen Roten Kreuz wird der Transport verpflegt und auf offene Waggons verladen. Die Fahrt geht in Richtung Dno weiter. Das Gebiet ist von Partisanen sehr verseucht, jedoch erreichen wir ohne weitere Zwischenfälle Dno.

*Im August 1941 erreicht Hugo Zährl nach einer langen Bahnfahrt über Memel, Riga und Pleskau schließlich Dno.*

23

*Zur Lage an der Ostfront im September 1941*

*Die SS-„Totenkopf"-Division hatte nach ihrer im Herbst 1939 erfolgten Aufstellung im Frühjahr 1940 im Westfeldzug in den Niederlanden, Belgien und Frankreich gekämpft. Im Juni 1941 trat sie im Rahmen der Panzergruppe 4 über die Memel an und kämpfte in Litauen und Lettland im Nordabschnitt der Ostfront. Die Division durchbrach die „Stalin-Linie", nahm Opotschka und erreichte am 14. Juli 1941 Porchow, südwestlich des Ilmensees. Es folgten weitere ununterbrochene Kämpfe, darunter die Schlacht am Lowat und an der Pola. Daraufhin kam die „Totenkopf"-Division in den Raum Demjansk, Staraja-Russa, Lushno und an die Waldai-Höhen.*
*Zu dieser Zeit traf der junge Hugo Zährl mit weiterem Personalersatz bei der Division ein.*

# Bei der SS-„Totenkopf"-Division

Nun muß auf die Kraftfahrzeuge der Division gewartet werden. Nachts sitzen wir am Lagerfeuer und singen Soldatenlieder. Wenn es auch nicht schön klingt, so wird doch eine freudige Stimmung geschaffen.

Meine Gedanken wandern immer wieder zu meinen Lieben in der Heimat. Nachts hört man das Schießen der Artillerie. Mag kommen was will, ich muß meinen Kampf bestehen!

Endlich kommen die lang ersehnten Fahrzeuge der Division. Schnell ist der Haufen verladen. Es ist ja ziemlich eng, aber in unserem Eifer macht das nichts aus. Schaukelnd geht die Fahrt über Rußlands „Straßen". Der Ausdruck „Straße" ist eigentlich viel zu gut, denn diese „Dinger" sind ein Kapitel für sich. Nach zwei Tagen unangenehmer Fahrt kommen wir in einem kleinen Ort an. Alles muß absitzen und es wird Quartier bezogen.

Wer schon über acht Wochen Ausbildung hinter sich hat, kommt gleich nach vorne zu irgendeiner Kompanie. Alle anderen, darun-

ter auch ich, müssen noch einen Lehrgang mitmachen. Am nächsten Morgen beziehen wir in einem anderen Ort die neuen Unterkünfte. Wir nennen sie Scheunen.
Von fronterfahrenen Unterführern werden wir nochmals ausgebildet. Ich bin immer voll und ganz bei der Sache, denn ich kann ja bloß hinzulernen. Schon nach einigen Tagen bin ich der beste MG-Schütze. Über jedes Lob, welches ich von meinem Chef bekomme, freue ich mich sehr.
Nach Dienstschluß gehe ich oft zu den russischen Zivilisten. Mit ihnen kann ich mich gut verständigen. Etwas tschechisch kann ich noch von der Schule her und das andere mache ich eben mit den Händen. Immer wieder muß ich über die Geschicklichkeit staunen, mit welcher sich die Russen ihre Zigaretten aus Machorka und dem Zeitungspapier drehen. Manch einer tauscht sich für eine alte Zeitung ein Huhn oder eine Gans ein. Am Feuer wird sie dann gebraten. Wie bei der Mutter zu Hause schmeckt es nun nicht, aber der Landser kocht ja auch „Kunsthonig mit Sauerkraut".
Inzwischen setzt unsere Division ihren Vormarsch nach den Waldai-Höhen fort. Staraja-Russa und Demjansk fallen in unsere Hand.
Vom 24. bis 29. September 1941 versucht der Feind den Ring um Leningrad zu sprengen. Mit weit überlegenen Kräften greift er die Stellungen der eigenen Division an. Fünf Tage dauert der schwere Abwehrkampf, dann aber ist er zu unseren Gunsten entschieden. Der Feind muß einsehen, daß er der Tapferkeit der Männer der SS-„Totenkopf"-Division nicht gewachsen ist. Die Division hat zwar schwere Ausfälle, aber dem Feind gelingt es nicht, den Ring zu sprengen und Demjansk zu nehmen. Im OKW-Bericht ist die Rede von den „Helden von Lushno".
Nachdem die Division schwere Ausfälle hatte, wird der Lehrgang aufgelöst. Ich komme zur 6./SS-Totenkopf-Infanterieregiment 3. Kompanieführer wird der Lehrgangsleiter, SS-Obersturmführer Hermann Hehn. [4]
In der Nacht des 10. Oktober 1941 lösten wir Teile des Heeres in den Stellungen von Lushno ab. In der ersten Nacht ist es doch ein komisches Gefühl. Aber ich komme schon darüber hinweg. Noch

in derselben Nacht gehe ich daran, meine MG-Stellung zu verbessern. Laut Befehl mußten die einzelnen Schützenlöcher durch Laufgräben verbunden werden. Der Feind bleibt sehr ruhig, er muß anscheinend seine schweren Wunden heilen, welche er sich bei den letzten Kämpfen holte. So können wir unsere Stellungen in Ruhe ausbauen. Fast jede Nacht kommen Überläufer. Es ist mir noch immer ein Rätsel, wie sie durch unsere Minenfelder kamen. Es ist ja auch egal, für uns bedeuten sie eine gute Arbeitskraft. Im Stellungsbau sind die Iwans etwas mehr erfahren, als wir junge Soldaten.
So löst ein Tag den anderen ab. Die Essenholer bringen immer wieder neue Parolen mit. Von einer baldigen Ablösung der Division, daß der Krieg bald zu Ende sei, usw. Es traf natürlich keine ein. Aber auch diese Parolen müssen sein. Sie bringen immer wieder eine gewisse Abwechslung in den Alltag des Soldaten.
Nacht für Nacht stehe ich nun auf Posten im Feindesland. Einige Spähtrupps wurden unternommen. Das ist aber auch alles. Es wird eine ruhige Kugel geschoben.
In den frühen Morgenstunden des 18. Oktober 1941 greift die „Totenkopf"-Division in Richtung Waldai an. Ziel ist die Bahnlinie Moskau – Leningrad. Allerdings setzt in der darauffolgenden Nacht sehr starker Frost ein und die Infanterie kann sich nicht mehr eingraben. Der Feind selbst tritt mit weit überlegenen Kräften zum Gegenstoß an. Der eigene Angriff kommt zum Scheitern und die Teile der Division gehen wieder in die Ausgangsstellung zurück.
Die 6. Kompanie des SS-„Totenkopf"-Infanterieregiments 3 wird zur Unterstützung bei der 30. Infanteriedivision eingesetzt. Nie werde ich das Minenfeld bei der MTS vergessen. Mir ist doch etwas komisch zumute, als ich all die vielen Toten und Verwundeten sehe. Die Bergung der Verwundeten gestaltet sich sehr schwierig, da das ganze Gelände mit Minen verseucht ist. Nachdem der eigene Angriff abgeblasen worden ist, kommt die Kompanie wieder in die alte Stellung nach Lushno zurück.
Langsam naht das Weihnachtsfest. Jeden Tag kommen eine ganze Menge Pakete an. Eine gewisse feierliche Stimmung erfaßt alle. Am Morgen des Weihnachtstages gehe ich mit meinem Wiener Freund Christbäume holen. Für jede Gruppe bringen wir einen mit. Nun

beginnt das große Schmücken. Von der Kompanie wird jeder reichlich beschenkt. Zu allem Glück bleibt der Feind auch weiterhin ruhig. Er ahnt wohl, daß wir zum schönsten aller deutschen Feste Ruhe brauchen.

Sternenklar und kalt ist die Nacht, als ich am Heiligen Abend den Posten ablöse. Ich bin stolz, gerade in dieser Nacht auf Wache stehen zu können. Ganz leise dringen die Weihnachtslieder aus den Unterständen an mein Ohr. Vollkommene Ruhe herrscht über den Stellungen, hüben und drüben. Unwillkürlich muß ich an die Abende des Weihnachtsfestes bei meinen Eltern denken, es war doch immer so feierlich in der Christmette. Aber dieser Abend kommt mir noch viel feierlicher vor. Kein Schuß zerreißt die Stille – Granattrichter, zerstörte Häuser, gesprengte Panzer, Heldengräber – all dies ist in eine fast unheimliche Ruhe gehüllt. Ab und zu breitet eine Leuchtkugel ihr grelles Licht über die Stellungen. Wie eine große Kerze an einem Weihnachtsbaum kommt mir das vor. Ich denke gar nicht daran, daß Krieg ist – und doch ist eine so ernste Zeit. Überschrift über all dem: „1. Kriegsweihnacht in den Waldai-Höhen".

Das schönste Fest aller Deutschen ist vorbei. Der Feind läßt uns auch weiter in Ruhe. Der Silvester wird noch einmal richtig gefeiert.

Jahreswende – meine Gedanken eilen noch einmal zurück an meine Jugend, an meine Jugendzeit, alles erscheint mir als ein kleines Nichts. Jedoch hier bin ich an meinem richtigen Platz – jetzt erst hat mein Leben einen richtigen Sinn. In dieser Nacht gelobe ich mir, alles aber auch alles für mein Vaterland zu tun.

*Diese versandeten Rollbahnen sind die Vormarschwege im Nordabschnitt Rußlands.*

*Zur Lage im Kessel von Demjansk, 1942*

*Die SS-„Totenkopf"-Division kämpfte 1942 im Kessel von Demjansk. In härtesten Kämpfen erwehrte sie sich gegen einen bei schwierigsten Witterungsverhältnissen angreifenden sowjetischen Gegner, der den deutschen Eckpfeiler Demjansk aus der Front herausbrechen wollte, um die deutschen Kräfte südostwärts des Ilmensees zu vernichten, um so in den Rücken und in die Flanke der 16. deutschen Armee und der Heeresgruppe Nord zu stoßen.*

*Die Division „Totenkopf" bewies in jenen unendlichen Monaten in den eisigen Schneemassen des Kessels von Demjansk ihre enorme Belastungsfähigkeit und Standfestigkeit. Teilweise waren ihre Einheiten auf die im Kessel stehenden Heeres-Divisionen aufgeteilt, die die Kampfkraft der Männer der „Totenkopf" bis auf das Letzte beanspruchten. Nur mangelhaft aus der Luft versorgt, verteidigten die Soldaten der Division „Totenkopf" die Front des Kessels aus einfachsten Stellungen, oft nur aus Schneelöchern heraus.*

*Am 21. April 1942 wurde ein dünner Schlauch zu den von Westen zum Entsatz herangeführten eigenen Kräften erkämpft, der immer wieder gegen die Angriffe der Sowjets verteidigt werden mußte. Die letzten Männer der „Totenkopf"-Division verließen erst im Herbst 1942 das Gebiet um Demjansk, um nach Frankreich zur Neuaufstellung ihrer Division zu verlegen.*

## Kämpfe südlich des Ilmensees, 1942

Dieses Jahr sollte sehr hart für uns werden. Der Feind tritt mit allen ihm zur Verfügung stehenden Mitteln zur Winteroffensive an. Viel verspricht er sich von diesem Unternehmen. Zum Teil gelingt es ihm, aber er muß sehr viel Blut dabei lassen. Über den gefrorenen Ilmensee hinweg läßt er seine Massen anrennen. Es gelingt ihm, die Stellungen der 290. Infanteriedivision zu überrennen. Der „Kessel von Demjansk" ist wohl für alle ein Begriff. [5] Im Januar 1942

werde ich zu einer Schikompanie versetzt. Hier gibt es jeden Tag wieder Ausbildung. (6) Mir macht die Sache auf jeden Fall Spaß, denn Schilaufen kann ich so einigermaßen und das andere ist bloß Wiederholung.
Am Abend geht es im „Olympia-Bunker" immer rund. Es sind alles Sudetenländer, Ostmärker und Bayern. Wir sind also sozusagen unter uns. An Humor fehlt es in keiner Weise, wenn wir auch Kohldampf schieben müssen. Doch die gute Stimmung bleibt erhalten.

## Ssokolowa, südlich Staraja-Russa

Am 31. Januar 1942 kommt der Divisionskommandeur zu uns. Wir nennen ihn „Papa Eicke". (7) Auf der Höhe X ist die Kompanie angetreten. Es dunkelt bereits und ringsherum kann man die Leuchtkugeln des Feindes sehen. SS-Obergruppenführer Theodor Eicke sagte unter anderem: „...wenn auch rings um uns die Leuchtkugeln des Feindes sind, so werden wir doch im Kessel Sieger bleiben. Mein Sohn ist in Rußland gefallen, auch ich werde den Osten nie verlassen. Unser Ziel ist der Ural. Für einen SS-Mann gibt es kein besseres Bekenntnis für sein Vaterland, als ein schlichtes Birkenkreuz am Wege".
Meinen 18. Geburtstag feiere ich nun zum erstenmal als Soldat. Jeder meiner Kameraden drückt mir still die Hand. Das ist mir viel mehr, als all die leeren Worte. Am nächsten Tag werde ich zu einer Kampfgruppe abgestellt. Es ist die später noch oft genannte „Schigruppe".
Kalt ist die Nacht, als wir in Krasea auf die Lastkraftwagen verladen werden. Völlig erstarrt und am ganzen Körper durchgefroren kommen wir einen Tag später in Ssokolowa an. Kaum abgesessen, müssen wir schon Spähtrupp laufen. Es ist auch gut so. Wenigstens wird jedem wieder warm. SS-Standartenführer Hellmuth Becker übernimmt hier eine Kampfgruppe der Wehrmacht. (8) Es sind lauter zusammengewürfelte Teile, Luftwaffen- und Heeres-Troßeinheiten und alles Mögliche. Bereits am 3. Februar 1942 greifen wir Weli-

koje-Selo an. Es gelingt uns, den Ort zu nehmen und den Feind in die Flucht zu schlagen.

Aber es ist natürlich nicht möglich, mit diesen Troßeinheiten die Stellungen lange zu halten. Noch in derselben Nacht setzten wir uns nach Oschedowo ab.

Wir von der Schigruppe kommen nicht mehr zur Ruhe. Tag und Nacht sind wir unterwegs. Wenn ich auch manchmal fluche, so bin ich doch mit ganzem Herzen bei der Sache, denn es geht ja um mehr, als um das persönliche Wohl.

Nach zwei harten Kampftagen wird die HKL (Hauptkampflinie) auf die Höhen von Ssokolowa zurückgenommen. Bereits am 6. Februar 1942 fällt die Rollbahn nach Demjansk und Staraja-Russa in Feindeshand. Der Ring um Ssokolowa ist nun geschlossen. Die Kampfgruppe wird jetzt aus der Luft verpflegt.

In der Nacht vom 6. zum 7. Februar 1942 greift der Feind mit starken Kräften zum entscheidenden Stoß an. Es gelingt ihm, bis in die Ortsmitte vorzustoßen. Im zügigen Gegenstoß, an dem alles teilnimmt, wird der Iwan in seine Ausgangsstellung zurückgeworfen.

Nie werde ich das schaurig brennende Ssokolowa vergessen. Mitten im Ort werden zwei Panzer abgeschossen. Stöhnende Verwundete liegen in den Straßen, Munition fliegt in die Luft, Häuser brennen, Melder rennen hin und her. Nie mehr kann ich die Gesichter des Feindes aus meinem Gedächtnis streichen, welche man von Straße zu Straße sieht. Das ist der Krieg im wahrsten Sinne des Wortes.

Inmitten all dem steht unser Kommandeur, SS-Standartenführer Hellmuth Becker, als ruhender Pol. Überall, wo er am notwendigsten ist, finden wir ihn. Immer wieder muß ich diesen Mann bewundern, wie er es fertig bringt, nächtelang nicht zu schlafen und dann tagsüber wieder die Stellungen zu kontrollieren. Bis zum 8. Februar 1942 toben die Kämpfe um Ssokolowa. Dem Feind gelingt es nicht, trotz vieler Versuche, in Ssokolowa einzudringen oder Ssokolowa zu nehmen. Er gibt sich nun damit zufrieden, uns jeden Tag einige Häuser in Brand zu schießen. Über 200 Verwundete haben wir schon. Leider können diese nicht mehr abtransportiert werden. Der Kommandeur entschließt sich, nun durchzubrechen und den

Anschluß an die eigenen Teile wieder herzustellen. Ein Unternehmen, welches fast aussichtslos ist, soll nun beginnen. Aber „Wo ein Wille, da ein Weg", sagt der Kommandeur. Es gelingt auch, unter Anspannung aller Kräfte.

## Durchbruch von Ssokolowa zu den eigenen Reihen

Am 9. Februar 1942, mittags um 13.00 Uhr, verläßt die Kolonne den Ort Ssokolowa und tritt den Marsch ins Ungewisse an. Der Feind stört uns überhaupt nicht. Daß wir am hellen Tag ausbrechen würden, hat er wohl am wenigsten erwartet und darin liegt unser Überraschungsmoment. Er ist sich seiner Sache anscheinend sicher und nimmt an, daß er uns so oder so noch vernichten kann. Das aber alles ohne uns, denn wir sind nicht gewillt, unser Leben so leicht zu verkaufen.
Vorerst geht alles noch leidlich gut. Aber in der Abenddämmerung setzt die Abwehr des Feindes ein. Der Iwan sitzt in seiner gut ausgebauten Stellung zu beiden Seiten der Rollbahn. Er macht uns schwer zu schaffen. Wie die Hunde jagen wir mit den Brettern an der Kolonne hin und her. Aber wir können dem Kommandeur bloß schlechte Nachrichten bringen. Trotz alldem ist die Stimmung keine schlechte, es wird zwar jede Menge gemeutert, aber das ist bei Soldaten nun nicht anders. Mit unseren Brettern haben wir es viel leichter als die Infanteristen, welche dauernd in dem knietiefen Schnee marschieren müssen. Am zweiten Tag können wir nicht mehr auf der Rollbahn marschieren, denn der Widerstand des Feindes ist zu stark. Der Kommandeur entschließt sich, alle Kraftfahrzeuge zu sprengen und den Marsch zu Fuß fortzusetzen. Keiner hat mehr, als er am Leibe trägt. Nun sind wir alle gleich, ob Führer, Unterführer oder Mann.
Zwei Panzer IV und zwei Zugmaschinen mit der 2-cm-Flak sind ausser den Infanteriewaffen die einzigen schweren „Sachen". Noch einige Panje-Schlitten besitzen wir, auf denen werden die Verwunde-

ten verladen. Viel beschwerlicher ist nun der Weg. Jede Ortschaft muß erst im Nahkampf genommen werden. Dabei gibt es natürlich immer wieder Ausfälle. Beinahe 300 Verwundete haben wir nun schon. Die Betreuung derselben ist eine sehr schlechte und wird immer schlimmer. Denn die wenigen Ärzte müssen mit der Waffe in der Hand ihren Mann stehen. Außerdem fehlt es an den nötigen Medikamenten. Wenn der Arzt auch helfen will, so sind ihm auf diese Weise die Hände gebunden. Es bleibt also beim guten Willen. Bis spät in die Nacht hinein wird marschiert. Nachts muß dann noch Wache geschoben werden. An manchen Tagen bin ich der Erschöpfung sehr nahe. Ich habe so richtig die „Schnauze voll". Aber auch das geht vorüber. Immer wieder halte ich mich aufrecht. Wenn wir die Zivilisten nach deutschen Truppen fragen, bekommen wir immer schlechte Nachricht. Denn die eigenen Teile sind ebenfalls bei der Absetzbewegung. So werden die Hoffnungen immer wieder zunichte gemacht. Jedoch es muß geschafft werden, wenn wir nicht in die Hände des Feindes fallen wollen. Und was das bedeutet, weiß jeder einzelne nur zu genau, denn unterwegs haben wir einige solche „Sachen" gesehen. [9]
In den frühen Morgenstunden des 13. Februar 1942 erreichen wir die ersten eigenen Teile. Es ist ein Bau-Bataillon. Allerdings setzen sich die in der Nacht auch wieder ab. Das ist aber weiter nicht so traurig. Es ist jeder froh, daß wir mit einigermaßen heiler Haut den Anschluß an die eigenen Teile wieder herstellen konnten. So endete nun der Marsch, welcher fast aussichtslos begann und doch zu einem guten Ende geführt werden konnte. „Mit ganzen Männern kann man auch ganze Sachen schmeißen", meint unser Kommandeur. Die Angehörigen der Kampfgruppe Becker werden wohl die Namen Ssokolowa – Oschewow – Potsche – Chluchaijew - Simnik nie vergessen.
Endlich kann den Verwundeten wieder einigermaßen gute Behandlung zu Teil kommen. Wir haben noch einige Tage Ruhe. Der „Fieseler" landet beim Regiment und wir können nach langem wieder an die Angehörigen schreiben. Verpflegung gibt es auch wieder genug. An sich haben wir ein ruhiges Leben. Bloß tagsüber müssen wir einige Spähtrupps laufen. Der Iwan drückt mit allen Mitteln

nach. Die Kampfgruppe Becker kommt wieder zum Einsatz. Unser Regimentsgefechtsstand liegt in Ssisinowo. Es gelingt uns, alle Angriffe des Feindes abzuschlagen. Nach einigen Tagen setzen wir uns wieder ab, der Regimentsgefechtsstand kommt nach Potschitschitsche. Der Feind greift wiederum alle Stellungen an, er wird aber im zusammengefaßten Feuer aller Waffen abgewiesen.

Am 22. März 1942 fährt die Schigruppe einen Angriff auf die Höhe 93. Feind läßt uns bis an seine eigenen Stellungen ran. Dann aber schießt er uns nach allen Regeln der Kunst zusammen. Nun versucht der Iwan uns von beiden Flanken her einzuschließen. Es gelingt mit Mühe und Not und ohne nennenswerte Verluste die Umklammerung des Feindes zu durchbrechen. Ein Feldwebel des Heeres wird durch einen Beckenschuß verwundet. Mit großer Anstrengung gelingt es mir, den Verwundeten durch die feindlichen Linien in Sicherheit zu bringen.

Nun wird auch SS-Unterscharführer Ch. verwundet. SS-Unterscharführer Pupp will ihn retten, wird dabei aber selber durch einen Oberschenkelschuß verwundet. Ch. bekommt nun noch einen Bauchschuß. An eine Rettung ist jetzt nicht mehr zu denken, denn alle anderen Männer sind nicht mehr zu sehen. So leid es uns auch tut, wir müssen Ch. liegenlassen. Die beiden anderen Verwundeten bringe ich heil zu den eigenen Linien zurück.

Nachdem ich dem Führer des Stoßtrupps alle Einzelheiten mitgeteilt habe, treten wir sofort zum Gegenstoß an und wollen den Kameraden Ch. retten. Aber gegen die Übermacht des Feindes konnten wir nichts ausrichten. Als wir am anderen Tag Ch. finden, wies er viele Kopfschüsse auf. Und an vielen Körperstellen sahen wir, daß er geschlagen wurde. Was mußte er wohl gelitten haben! Eine maßlose Wut erfaßt uns alle. Aber was half es; nichts und gar nichts! Jedem werde ich diese Tatsache ins Gesicht schleudern, wenn er mir von der Anständigkeit der Iwans erzählen sollte. (10)

Der Regimentsgefechtsstand kommt nach Issisinowo. Der Feind greift wieder an und kann bis zum Regimentsgefechtsstand vordringen. Dort wird er aber wieder abgewiesen.

Die Schigruppe ist nun Tag für Tag auf Spähtrupp. Zum Essen haben wir genug, denn jeder Spähtrupp sorgt für Frischfleisch. Bei

Nacht sind diese Unternehmen nicht angenehm, denn immer mußte man mit Überfällen des Feindes rechnen. Ab und zu gibt es eine kleine Schießerei, aber zum Glück werden keine Männer verwundet.

Am 9. März 1942 wird mir das EK 2 verliehen. Meine Freude und Überraschung über diese Auszeichnung ist sehr groß.

## Kämpfe im Raum von Slave Tino

In den nächsten Tagen erfolgt ein größerer Stellungswechsel in den Raum südlich Slave Tino. Der Regimentsgefechtsstand kommt nach Swistucha. Wir treffen nun unsere Angriffsvorbereitungen.

In den frühen Morgenstunden des 12. März 1942 greifen wir die Teile des Feindes an. Bis in die späten Nachmittagsstunden dauert der Kampf. Dann aber ist er restlos zu unseren Gunsten entschieden. Die beiden Orte Dubrowka und Jasvy sind wieder fest in eigener Hand. Damit ist der Auftrag des Regiments ausgeführt und nun beginnt der ruhigere Teil. Für die Schigruppe gibt es weiter nichts zu tun, als Wache stehen. Jeden zweiten Tag müssen wir auch die Verpflegungskolonnen begleiten. Bei der Sache muß jeder gut aufpassen, denn sonst fehlt immer die Hälfte der Verpflegung. Die Russen klauen wie die Banditen. Besonders die Mädel versuchen immer mit der Begleitmannschaft ein Verhältnis anzubahnen, um uns dann auf sicherem Wege zu bestehlen. Bei uns ist da nichts zu machen, sie ziehen auf jeden Fall den Kürzeren.

Anfang April dürfen jede Woche einige Männer in Urlaub fahren. Post gibt es auch ab und zu. Nun macht das Leben wieder einen besseren Eindruck. Und es wird auch wieder Frühling.

Die Schigruppe wird aufgelöst und ich werde zum Kraderkundungszug des SS-„Totenkopf"-Infanterieregiments 3 versetzt.

Am 8. Mai 1942 werden wir auf die letzten LKW der Kampfgruppe verladen; nach Demjansk kommen wir wieder. Weinend stehen die Frauen an der Straße. Immer wieder winken sie uns zu. Ich frage eine alte Mutter, warum sie denn weine. „Pan, Pan", sagt sie zu mir,

„nun geht ihr wieder fort und es kommen die Russen. Ach Gott, es wird uns wieder schlecht gehen!" So denkt das eigene Volk über seine Soldaten... (11)

Die Fahrt führt über Staraja-Russa nach Demjansk. Schon bei der Fähre in Ramuschewo bekommen wir den ersten „Dunst", denn die Fähre liegt dauernd unter feindlichem Ari-Beschuß. Durch den „Schlauch" gelangen wir in den Kessel von Demjansk. Der „Schlauch" ist die einzige Straße, welche in den Kessel führt. Jedoch liegt dieser dauernd unter Feindeinsicht und unter Beschuß. Die Schießerei ist doch wieder ungewohnt, denn wir waren ja fast vier Wochen in Ruhe.

In Nowi-Gorki und in Koloma (an der Pola) liegen die restlichen Teile des Regiments. Nun wurden auch die anderen Teile der Division aus den Waldai-Höhen herausgelöst und zwischen Pola und Lowat eingesetzt. SS-Standartenführer Becker übernimmt wieder das SS-„Totenkopf"-Infanterieregiment 3.

Der Regimentsgefechtsstand kommt nach Biakowo. Der Ort besteht bloß mehr dem Namen nach. Sonst ist er völlig dem Erdboden gleich. Hier kommt auch das Freikorps „Danmark" zum Einsatz. (12)

Der Iwan bleibt vorläufig noch ruhig. Bloß in der Nacht werden wir durch die „Nebelkrähen" empfindlich gestört. Dies sind sehr leicht gebaute Flugzeuge, welche nur zwei Bomben mitnehmen können. Zum Teil werfen sie auch andere Munition ab. Jede Nacht wird ein großer Teil von ihnen abgeschossen. Aber mit einer großen Zähigkeit kommen sie immer wieder. Na, auch mit diesem Übel werden wir fertig.

In den frühen Morgenstunden des 9. Juni 1942 treten einige Teile zum Angriff auf Dubowizy an. Zum erstenmal wird der Angriff durch einen Sumpf vorgetragen. Es gelingt auch, den Feind zu überraschen und ihn aus den eigenen Stellungen zu werfen. Der Feind setzt gleich mit starken Gegenangriffen ein. Wir müssen Dubowizy wieder räumen, aber die Rollbahn kommt nicht mehr unter Feindeinsicht. Nun ist es auch mit der Beschießerei nicht mehr so toll. Das Regiment macht nun auch Stellungswechsel. Der Regimentsgefechtsstand befindet sich in Wassiljewschtschina. Sonst

bleibt alles beim alten. Auf beiden Seiten wird eifrig an dem weiteren Ausbau der Stellungen gearbeitet.
Am 1. Juni 1942 werde ich zum SS-Sturmmann ernannt, auch das Infanteriesturmabzeichen bekomme ich. Wir haben uns bei dieser Sache wieder „einen" genehmigt.

## Verwundet

In den Mittagsstunden des 17. Juli 1942 beginnt der feindliche Angriff mit einem zweistündigen Trommelfeuer. Die Erde erbebt und erzittert unter den Einschlägen der feindlichen Granaten. Dazu kommt noch die feindliche Luftüberlegenheit. Bei der eigenen Infanterie geht alles drunter und drüber. In diesem Zauber tritt der Feind mit seinen Infanteriemassen zum Angriff an. Bereits eine Stunde später ist die eigene HKL zum großen Teil überrannt. Dem Feind gelingt es, bis auf die Höhe des Regimentsgefechtsstandes vorzudringen. Dort aber holt er sich im zusammengefaßten Feuer aller Waffen einen blutigen Kopf. Überall werden kleine Teile zum Gegenstoß angesetzt. Es gelingt, wieder eine zusammenhängende Front herzustellen.
Gegen 15.00 Uhr werde ich verwundet. Ein Granatsplitter reißt mir den Kiefer auf. Ich kann es kaum fassen. Aber es ist doch so. Nun muß ich Abschied nehmen von meinen Kameraden und von der Kompanie. Es fällt mir bestimmt schwer. Oft sprachen wir von dem „Heimatschuß". Nun habe ich ihn und es ist doch ein anderes Gefühl. Nur ungern gehe ich von der Kompanie weg.
Ich komme nach Demjansk ins Feldlazarett. Dort liegen schon eine ganze Menge Verwundete, denn auch wir haben bei den letzten Kämpfen schwer geblutet.
Ich werde gleich operiert. Zuerst habe ich große Schmerzen. Denn der Splitter steckt noch im Unterkiefer. Bei der Operation wird der Splitter entfernt und es lassen auch die Schmerzen nach. Die Nacht verbringe ich in einem Saal, wo schon weit über hundert Verwundete liegen. Nie werde ich die stöhnenden und phantasierenden

Männer vergessen. Die ganze Nacht kann ich nicht schlafen. Am nächsten Tag werde ich mit anderen Kameraden in die JU 52 verladen. Ziel des Fluges ist Tuleblia (außerhalb des Kessels). Ganz tief fliegen die JU über den Wäldern und über der eigenen Stellung dahin. Noch einmal geht mein Blick zurück über die Pola und über den Lowat. Noch einmal sehe ich den „Schlauch" vor mir. Im Geiste ziehen all die schweren Tage an mir vorüber. Manch guter SS-Mann fand hier sein Birkenkreuz. Der Abschied von all dem Harten fällt mir eigentlich schwer.

In Tuleblia werden wir noch am selben Tag mit einem Lazarettzug nach Porchow weiter verlegt. Von hier aus geht es am nächsten Tag weiter nach Pleskau.

Nach fast einem Jahr bin ich wieder in der Stadt, in welcher ich als Rekrut ausgeladen wurde. Was liegt doch alles in dieser kurzen Zeitspanne? Viele gute und viele schlechte Tage habe ich gesehen. Von allen Seiten ist der Krieg über mich hinweggegangen. Um so viele Erfahrungen bin ich reicher geworden. Trotzdem bin ich stolz, daß ich mit meinen jungen Jahren schon an diesem großen Kampf teilnehmen darf.

Im Kriegslazarett 417 bekommt meine Wunde die erste richtige Pflege. Schwester Helene wird mir dort zum Abbild einer DRK-Schwester. Mit meinen 18 Jahren bin ich der Jüngste im Lazarett. Sie behandelt mich wie ihr eigenes Kind. Auch später bleibe ich mit ihr in Briefwechsel, aber als die Absetzbewegung im Norden der Ostfront beginnt, höre ich nichts mehr von ihr. Es wäre schade, wenn auch sie im Trubel des Krieges untergegangen wäre.

Vierzehn Tage später komme ich nach Deutschland. Immer noch sehe ich das Bild vor mir: Helene steht an dem Portal des Lazaretts. Die Sonne umspielt ihr blondes Haar. Immer und immer wieder winkt sie mir zu. Kleiner und kleiner wird sie, dann sehe ich sie nicht mehr. Dieses Bild wird mir immer in Erinnerung bleiben. -

Durch partisanengefährdetes Gebiet geht unsere Fahrt nach Kowko. Zum Glück erreichen wir ohne Zwischenfälle unser Ziel. Dort wird der Transport von einer „Kraft durch Freude"-Gruppe betreut. Dann hat jeder Zeit, soweit er gehen kann, sich die Stadt anzusehen. Kowko ist eine schöne Stadt. Aber sie hat, wie alle

Städte des Ostens, keinen Mittelstand. Man findet neben der Villa eine Dreckhütte.

Noch in derselben Nacht wird der Transport auf einen Memelschlepper verladen. Um ein Uhr nachts beginnt die Fahrt Memel abwärts bis Tilsit. Nun beginnt eine Fahrt, wie sie schöner nicht sein kann. Durch die vom Mondschein überfluteten Wogen bahnt sich der Schlepper seinen Weg. Langsam graut der Morgen und immer näher geht es der Heimat entgegen.

Sonntag ist heute, für mich bestimmt ein Sonnentag im wahrsten Sinne des Wortes. Vergessen sind all die schweren Tage der Front, vergessen die Schmerzen der Wunde. Ich denke bloß an die kommenden Tage in der Heimat. Und an den Urlaub. Jenes Zauberwort, von dem der Landser immer wieder träumt.

Glutrot geht die Sonne im Osten auf. Fröstelnd stehe ich an Deck und kann mich nicht satt sehen an der Pracht der Natur. Langsam wird es wärmer und immer wärmer. Weiter und weiter geht die Fahrt nach Westen. Paddelboote begleiten den Schlepper. Scherzworte fliegen hin und her. Alle erfaßt eine freudige Begeisterung. Jetzt sehe ich erst, was wir alles an der Front entbehren mußten. Ich glaube nicht, daß ich das jemals wieder nachholen kann. Von einer ganz anderen Seite zeigt sich hier das Leben.

Gegen 11.00 Uhr kommt der Schlepper in Tilsit in Ostpreußen an. Mit dem Omnibus werden wir zum Bahnhof befördert. Dort beginnt sofort die Verladung in den Lazarettzug. Nachmittags verläßt der Zug die Halle in Richtung Allenstein. Ziel ist Kassel.

Die Fahrt führt mich durch mein schönes Vaterland. Wieder ist Sommer, wie damals, als ich an die Front fuhr. Denselben Weg fahre ich zurück und bin doch um so vieles reicher geworden.

In Bad Wildungen kommt der Zug am 4. August 1942 an. Ich komme ins Reservelazarett II im „Fürstenhof". Das Hotel ist bestimmt ein fürstlicher Hof und inmitten des herrlichen Kurhessen gelegen. Kurhessen ist ein Gau, welcher nicht schöner für die Verwundeten geschaffen sein könnte. Eine sehr schöne Zeit verlebe ich in Bad Wildungen. Die Stunden mit J. werden mir wohl immer in Erinnerung bleiben. Jedoch mein einziger Wunsch ist, endlich einmal in Urlaub zu fahren. Ich will meine Lieben in der Heimat wie-

der sehen. Anfang September wird mir endlich der Urlaubsschein in die Hand gedrückt. Näher immer näher trägt mich der Zug der Heimat entgegen. Als ich in Eger ankomme und zum letzten Mal umsteige, dringen schon Worte im Heimatdialekt an mein Ohr. Ach wie wohl das tut; denn erst, wenn man solange nicht mehr in der Heimat war und oft dem Tod ins Auge gesehen hat, kann man ermessen, was die Heimat bedeutet. Still sitze ich im Zug und lausche immer wieder den Gesprächen der Mitreisenden. Die letzten Kilometer fahre ich dann mit dem Postauto. Wie ich aussteige, sehe ich schon meine Mutter kommen. Weinend fällt sie mir um den Hals. Kaum, daß ich ein Wort sprechen kann.
Meine Kehle ist wie zugeschnürt. Urlaubsschein, Eltern, Heimat, der Traum vieler Nächte auf Posten im Feindesland, endlich bist du Wahrheit geworden.
Viele schöne Tage verlebe ich bei meinen Eltern in der Heimat. Auch mit B. verbringe ich recht frohe Stunden, denn es ist ja mein erster Urlaub. Jedoch die Zeit vergeht so schnell.
Es dauert gar nicht lange, dann heißt es wieder Abschied nehmen. Ich will mir nicht eingestehen, daß es mir schwerfällt, aber es ist doch so. Nur vor meinen Eltern will ich mich nicht schwach zeigen, denn ihnen ist es auch nicht einerlei. Am 29. September 1942 ist es dann soweit. Meine Mutter begleitet mich zum Bahnhof. Still gebe ich ihr die Hand, denn ich kann ihr nicht mehr länger in die Augen sehen. Nie werde ich die traurigen Augen meiner Mutter vergessen. Immer wieder und lange winkt sie mir zu, dann sehe ich sie nicht mehr. Wir haben wohl beide denselben Gedanken: Wann werden wir uns wieder sehen?
Nach Brünn muß ich, zum Ersatzbataillon. Die Fahrt geht über Aussig, Prag nach Brünn. Ich komme zur Genesendenkompanie des SS-Totenkopf-Infanterie-Ersatzbataillons III. Hier treffe ich viele Kameraden von meiner alten Einheit. Dienst wird hier nicht viel gemacht. Ich nehme noch an einem Gaslehrgang teil. Mitte Oktober 1942 wird ein großer Teil des Bataillons nach Frankreich versetzt. Es geht wieder zur alten Division!

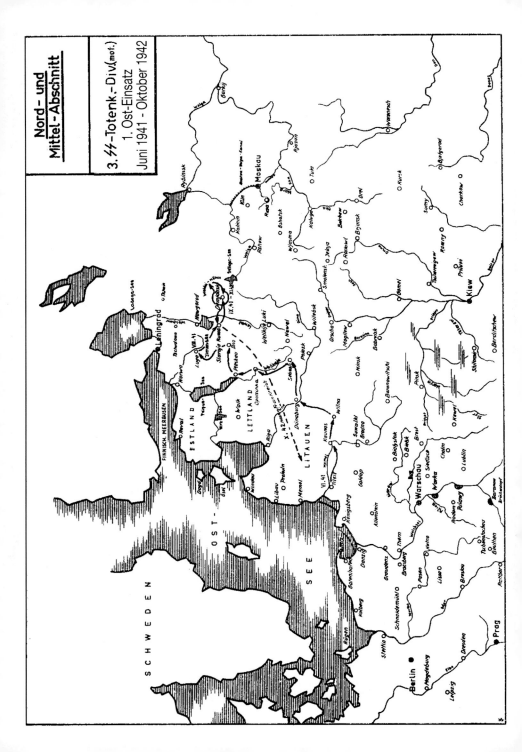

*Abwehrbereit:*
*Ein schweres MG der SS-„Totenkopf"-*
*Division in einem Holzbunker in den*
*Waldai-Höhen.*

*Der Kommandeur der „Totenkopf"-*
*Division, SS-Obergruppenführer und*
*General der Waffen-SS Theodor Eicke,*
*in seinem VW-Kübelwagen.*

*Die Soldaten der „Totenkopf"-Division werden*
*1941 von der russischen Bevölkerung freund-*
*lich als Befreier vom Bolschewismus begrüßt.*

*Im Stahlhelm und Tarnanzug ganz*
*vorne bei seinen Männern,*
*SS-Hauptsturmführer Eberhard*
*Zech, im Herbst 1941 Chef 4./SS-*
*Kradschützenbataillon „Totenkopf".*
*Am 9. April 1943 wurde er als Chef*
*der 3. (gepanzerten)/SS-Kradschüt-*
*zenregiment „Thule" mit dem Deut-*
*schen Kreuz in Gold ausgezeichnet.*

Zu den russischen Zivilisten haben die Männer der „Totenkopf"-Division ein gutes Verhältnis.

Pioniere der 16. (Pionier)/SS-„Totenkopf"-Infanterieregiment 3 bauen Bunker.

Ein gefangener sowjetischer Soldat.

Im Kessel von Demjansk wird die eingeschlossene Truppe 1941/42 durch Luftversorgung am Leben erhalten.

*Am Ilmensee.*

*Im Kessel von Demjansk müssen die Schützengräben ständig von den Schneemassen befreit werden.*

*Ein Soldat der SS-„Totenkopf"-Division im Kampfraum Demjansk.*

*Aus einem Versorgungsflugzeug fotografiert:
Blick auf ein verschneites Dorf in der Festung Demjansk im Winter 1941/42.*

*Gräber von Gefallenen der „Totenkopf"-Division in Grolkowizy.*

*Im Januar 1942 wird der Autor Hugo Zährl zur Schikompanie des SS-„Totenkopf"-Infanterieregiments 3 versetzt.*

*SS-Sturmbannführer Karl Ullrich war als Verteidiger von Kobylkina in der ganzen Division ein Begriff; das Ritterkreuz wurde ihm am 19. Februar 1942 verliehen.*

*SS-Obergruppenführer und General der Waffen-SS Theodor Eicke wird am 20. April 1942 mit dem Eichenlaub zum Ritterkreuz ausgezeichnet.*

Im Frühjahr 1942 sind viele Soldaten der Division unternährt, wie hier Georg Krauß von der 1./SS-Panzerjägerabteilung „Totenkopf".

Februar 1943, Schützenpanzerwagen im Kampf um ein Dorf bei Charkow.

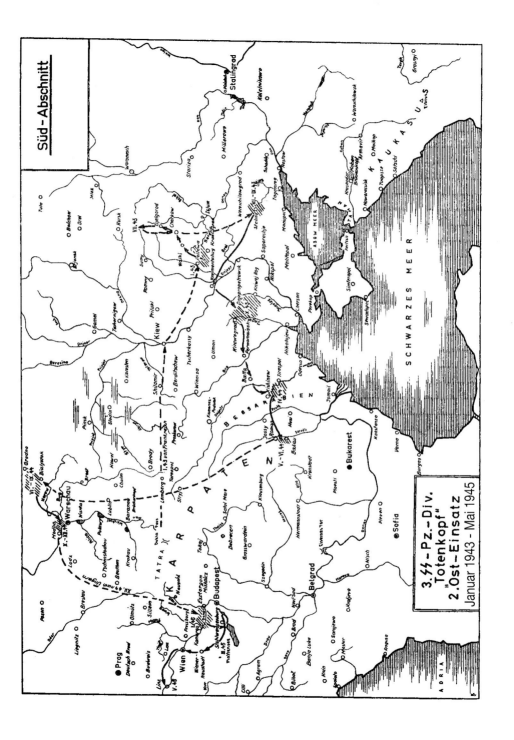

# In Frankreich
# bei der Neuaufstellung, 1942

Nach einer dreitägigen schönen Fahrt kommt der Zug in Barbezieux an. Hier wird ein Marschbataillon aufgestellt. Ich komme als Hilfsausbilder zur 2. Kompanie. Mit dem Dienst ist es nicht schlimm und so verleben wir viele schöne Tage, denn es ist gerade die Zeit der Wein- und Obsternte.

Nach zehn Tagen kommen die ersten Transporte der Division aus dem Osten an. Die restlichen Teile der „Totenkopf" wurden aus dem Kessel von Demjansk abgelöst. Auch das Marschbataillon wird aufgelöst und die Kompanien werden auf das SS-„Totenkopf"-Infanterieregiment 3 verteilt. Ich komme wieder zu meinem alten Haufen, dem Kradschützenzug.

Vorerst nehme ich an einer Fahrschule teil. Jeden Tag sind wir im Gelände. An Obst und Wein fehlt es in keiner Weise. Auch mit der Bevölkerung bekommen wir einen besseren Kontakt. Denn es liegt eben daran, wie man die einzelnen Personen behandelt.

Ab 4. November 1942 liegt das SS-„Totenkopf"-Infanterieregiment 3 in Alarmstufe I. In den folgenden Tagen müssen wir des öfteren ausfahren. Aber immer vergebens. Wir fluchen schon lange das Blaue vom Himmel; wenn es nun endlich losgehen würde, sagt jeder.

Am 11. November 1942 beginnt die Besetzung des restlichen Teiles von Frankreich. Das ist nun wieder einmal das richtige für uns, denn so eine KdF-Fahrt haben wir uns schon immer gewünscht. Das war wieder einmal etwas anderes, als das dauernde Kriegspielen. Über Angoulême, Limoges, Tulle führt die Fahrt nach Aurilac. Verstört und mit finsteren Gesichtern stehen die Franzosen an der Straße und sehen mit einer großen Angst den „SS-Banditen" entgegen. Denn von uns wurden in Frankreich ja die tollsten Märchen erzählt. Als dann aber die Bewohner sehen, daß diese „Banditen" nur junge und lustige Menschen sind, werden sie bald zutraulicher. Schon nach einigen Tagen ist das Verhältnis ein viel Besseres. Nach zwei Tagen wird die Fahrt in Richtung Rodez fortgesetzt. Quer

durch die Pyrenäen geht die Fahrt. Unvergleichlich schön sind die Berge beim Sonnenuntergang. Einen Tag später kommen wir in Rodez an. Der Vormarsch wird nicht weiter fortgesetzt, sondern wir warten hier auf weitere Befehle. Na, uns ist das recht, denn einige Ruhetage können Mensch und Maschine gebrauchen.
Wache stehen und wenig Dienst; das ist hier unsere einzige Beschäftigung. Rodez ist eine schöne Stadt. Sie kann uns in jeder Beziehung etwas bieten. Es ist aber wie immer, es fehlt an dem nötigen Geld. Jedoch habe ich mir von Frankreich mehr versprochen.
Nach zehn Tagen wird das Regiment verladen und kommt in den Raum Narbonne. Innerhalb von drei Tagen erreichen wir die Stadt am Mittelmeer und werden noch in der Nacht ausgeladen.
Der Regimentsgefechtsstand befindet sich in Sigean. Der Erkunderzug wird in einer Schule einquartiert. Schon am anderen Tag wird die Ausbildung fortgesetzt. Am schönsten sind die Übungen entlang der Mittelmeerküste und in der Bucht von La Novelle. Es ist doch so schön, an der Mole zu stehen und dem Tosen der Wellen zuzusehen. Wie anders waren doch die Tage an der Front, gar keinen Vergleich kann man ziehen.
Mitte Dezember nehme ich an einer Fahrt zur spanischen Grenze teil. Wie ich in Sigean wegfahre, kann ich schon die schneebedeckten Gipfel der Pyrenäen sehen. Immer näher kommen die Berge, immer seltener und steiler werden die Wege. Fast keine Siedlung ist mehr zu sehen. Jedoch noch immer führt der Weg aufwärts. Endlich ist die höchste Stelle erreicht. Schneebälle machen wir und bewerfen uns damit. Weit kann man von hier aus nach Spanien sehen. Gerade geht die Sonne unter. Grünblau schillert das Wasser des Golf du Lion. Die Berge erglühen im Abendrot. Unter uns liegt Perpignan. Erst spät in der Nacht komme ich wieder in meiner alten Unterkunft an. Die Fahrt machte einen großen Eindruck auf mich. Sie zählt zu den schönsten Stunden meines Lebens.
Vor Weihnachten wird das SS-„Totenkopf"-Infanterieregiment 3, das nun in SS-„Totenkopf"-Panzergrenadierregiment 3 umbenannt worden ist, wieder verladen und kommt in den alten Raum von Barbezieux. [13] Bei strömendem Regen kommen wir dort an, aber trotzdem wird gleich mit dem Ausladen begonnen. Der Kradschüt-

zenzug wird im „Café de la Gare" untergebracht. Das Weihnachtsfest naht, alles rüstet schon dafür. Am Heiligen Abend kommen der Divisions- und Regimentskommandeur zu uns. Bis tief in die Nacht hinein dauert die Feier. Mehr schwankend als gehend erreiche ich meine Unterkunft. Na, einmal ist es auch egal. Und am anderen Tag ist dienstfrei, da kann ich mich ausschlafen. Der Silvester wird wieder richtig begossen, dann geht es wieder ran an den Dienst.
Die Ausbildung nimmt weiterhin ihren Fortgang. Die Kraftfahrzeuge werden alle weiß gestrichen. Nun ist es allen klar, daß wir wieder nach Rußland kommen. Stalingrad ist gefallen. Das ganze Volk trauert um seine Helden.
Am 30. Januar 1943 werde ich zum SS-Rottenführer befördert. In den Nachmittagsstunden des 7. Februar 1943 wird das SS-„Totenkopf"-Panzergrenadierregiment 3 in Angoulême verladen. Unsere Division trägt jetzt den Namen SS-Panzergrenadierdivision „Totenkopf".
Noch in derselben Nacht verläßt der Zug Angoulême. Vom Süden Frankreichs, quer durch Deutschland und Polen, führt uns die Fahrt wieder ins „Paradies".
Nach sieben Tagen Bahnfahrt wird unser SS-„Totenkopf"-Panzergrenadierregiment 3 in Poltawa ausgeladen. Noch in der gleichen Nacht rollen wir in den Bereitstellungsraum.

*Der Divisionskommandeur Theodor Eicke wird am 26. Februar 1943 in Artelnoje, südlich Charkow, in diesem Fieseler Storch abgeschossen.*

*Zur Lage im Raum Charkow, Februar 1943*

*Nachdem die SS-Panzergrenadierdivision „Totenkopf" im Februar 1943 im Raum Poltawa auslud, wurde sie dem SS-Panzerkorps unterstellt. Die Sowjets waren auf breiter Front zwischen Donez und Dnjepr im Vorgehen und bedrohten Charkow. Die „Totenkopf"-Division griff am 22. Februar 1943 nach Südosten zwischen Ssamara und Orel an und schlug eine dort stehende feindliche Kampfgruppe. Mit der aus Süden angreifenden SS-Panzergrenadierdivision „Das Reich" konnte am 24. Februar 1943 in Webki die Verbindung hergestellt werden. Orelka wurde genommen, wonach die „Totenkopf"-Division nach Norden angriff. Die im Raum Jeremejewka stehenden Korps der 3. sowjetischen Panzerarmee wurden geschlagen.*

*Danach griff die Division hinter dem linken Flügel des SS-Panzerkorps, nördlich um Charkow ausholend, an, deckte die Nordflanke des Korps und erreichte den Donez, ostwärts Charkow. Dort kam es zu harten Panzerkämpfen mit aus Osten zum Entsatz angreifenden sowjetischen Verbänden sowie mit eingeschlossenen Feindteilen.*

*Die Großstadt Charkow wurde am 14. März 1943 nach harten Straßen- und Häuserkämpfen von der Leibstandarte eingenommen.*

# Stoß des SS-Panzerkorps auf Charkow

Der Feind, der im Vormarsch begriffen ist, wird von unserem schnellen und wuchtigen Angriff überrascht. Er ergreift die Flucht. Zum erstenmal werden die SS-Einheiten im Rahmen eines Korps eingesetzt. Nun marschieren die SS-Panzergrenadierdivisionen „Leibstandarte SS Adolf Hitler", „Das Reich" und „Totenkopf". [14] Tag und Nacht rollen die Panzer, darunter auch die neuen Tiger. Die Grenadiere, Funker, Artilleristen, Panzermänner und all die vielen anderen kommen nicht mehr zur Ruhe. Eine gewaltige Begeisterung erfaßt alle. Unzählige kleine Heldentaten werden voll-

bracht. Ein ganzes Buch kann man davon schreiben. „Immer ran!", heißt die Parole.
Schon nach sieben harten Kampftagen stehen wir vor Charkow. Noch wehrt sich der Feind verbissen im Traktorenwerk. Die Leibstandarte tritt mit allen zur Verfügung stehenden Kräften zum letzten Gegenstoß an. Nun endlich weicht der Feind. Charkow ist nun völlig vom Feinde gesäubert und fest in unserer Hand. (15)
Die Leibstandarte bleibt zur Sicherung in Charkow. Die SS-Panzergrenadierdivision „Das Reich" nimmt Belgorod und unsere „Totenkopf"-Division stößt bis nach Woltschansk am Donez. In zwei Tagen ist von beiden Divisionen das befohlene Ziel erreicht. Am Donez werden nun Stellungen bezogen.
Im OKW-Bericht kommt die Sondermeldung von der Wiedereinnahme Charkows. Jeden erfüllt ein gewisser Stolz, aber wenn ein Mann wie Hausser führt, dann kann ja nichts schief gehen. (16)
Die SS hat mal wieder gezeigt, was sie kann. Vom kleinen Landser bis hinauf zum General hat jeder sein Bestes gegeben.
Unser SS-„Totenkopf"-Panzergrenadierregiment 3 bekommt nun den Namen „Theodor Eicke". Unser alter Divisionskommandeur ist bei den Kämpfen um Charkow gefallen. Voll Stolz blicken wir alle auf den neuen Ärmelstreifen. (17)

**SS-Standarte „Theodor Eicke"**

Der Führer verlieh in Würdigung der hohen und einmaligen Verdienste des vor dem Feind gefallenen Eichenlaubträgers SS-Obergruppenführers und Generals der Waffen-SS Theodor Eicke der 3. Standarte der SS-Panzer-Grenadier-Division „Totenkopf" den Namen „Theodor Eicke".

*Pressemeldung von März 1943 und der Ärmelstreifen Theodor Eicke.*

**Theodor Eicke**

# Stellungskrieg bei Woltschansk und in Belgorod (Donez)

Jetzt beginnt ein etwas ruhigeres Leben. Wir haben es auch verdient. Ich brauche nur am Tage einige Stunden bei der Schere auf Wache stehen. [18] Nun beginnt auch das Tauwetter wieder. Denn in Rußland muß es ja auch einmal Frühling werden. Die Straßen sind grundlos und in einem fast unmöglichen Zustand. Nur Zugmaschinen können noch bis zum Regimentsgefechtsstand gelangen. Jedoch ist deswegen nie ein Mangel an Nachschub zu spüren, der ganze Betrieb ist fabelhaft organisiert.
Anfang März 1943 wird die „Totenkopf"-Division von der 6. Panzerdivision des Heeres abgelöst. Vorher wird noch der feindlicher Brückenkopf bereinigt. Stuka und Ari sprechen eine halbe Stunde lang ein gewaltiges Wort, dann tritt die Infanterie zum Angriff an. Nach zweistündigem Ringen ist der letzte Iwan auf das Ostufer des Donez zurückgedrängt.
Gerade in der Schlammperiode beginnt die Ablösung. Mehr schiebend als fahrend erreichen wir mit den Krädern die Rollbahn nach Charkow. Wie hat sich doch diese Stadt seit den Kämpfen verändert. Wenn man nicht selber bei den Kämpfen dabei gewesen war und die Trümmer der Häuser sehen würde, konnte man annehmen, daß diese Stadt nie einen Krieg gesehen hätte. Mit einer friedensmäßigen Ruhe vollzieht sich hier das Leben, obwohl die Front nur 60 Kilometer entfernt ist. Von Charkow geht die Fahrt weiter nach Belgorod. Dort werden Teile der Division „Das Reich" abgelöst.
Das SS-Panzergrenadierregiment „Theodor Eicke" liegt am Nordwestrand von Belgorod in den Stellungen am Donez, der Regimentsgefechtsstand in Belgorod. Auf beiden Seiten wird eifrig an dem Ausbau der Stellung gearbeitet. Sonst ist weiter nichts los. Die Ruhe ist manchmal unheimlich, ob das die Ruhe vor dem Sturm ist? Na, diesen Sturm sollte ich noch miterleben.
Sonst ist für die geistige Abwechslung der Truppe sehr gut gesorgt. Jeden Tag kann ein Teil des Regiments ins Kino gehen. So haben

auch die armen Infanteristen eine gewisse Abwechslung. Ich muß jeden Tag nach Charkow fahren und Post holen. Von den wenigen Stunden, die ich jeden Tag in Charkow bin, bekomme ich ein richtiges Bild von Etappe und Front. Darüber zu schreiben ist unnötig, denn es würde zu viel die schlechten Seiten beurteilen. Mich packt heute noch die Wut, wenn ich daran denke, daß sich der Landser nach allen Regeln der Kunst verblutet hat, während sich andere Herren mit allen Schikanen amüsieren konnten.

Nach dem Osterfest wird das Regiment von Teilen der 6. Gebirgsdivision abgelöst. Wir kommen in den Raum von Andrijewka. Die Bewohner dieses Ortes haben, obwohl schon zwei Jahre Krieg ist, noch keinen deutschen und keinen russischen Soldaten gesehen. Hier brauchen wir keinen Kohldampf zu schieben. Dienst gibt es an sich wenig, nur einige Gasschutzübungen werden abgehalten. Alle Führer und Unterführer müssen mit der Gasmaske aufmarschieren. Das ist für uns „Rottenbremser" natürlich die größte Freude. An Stimmung und Humor fehlt es in keiner Weise.

Mitten im Mai ist wieder Stellungswechsel in den Raum von Walki. Unser Regimentsgefechtsstand befindet sich in Kostew.

Schon am anderen Tag kommt der Nachersatz. Nun geht es mit der Ausbildung auch strenger her. Jede Menge Dienst wird geschoben. Na, das sind wir ja gewöhnt.

„Kraft durch Freude" und Frontbühnen sorgen für den schöneren Teil des Lebens. So vergeht ein Tag nach dem anderen - und noch immer liegen wir in Ruhe. Manchmal schütteln wir die Köpfe über die Genauigkeit der Ausbildung und über die Umständlichkeit der Vorbereitungen. Später wurden uns schon die Beweise dafür erbracht, daß alles notwendig ist.

Am 1. Juni 1943 kommt das SS-Panzergrenadierregiment „Theodor Eicke" wieder in die Stellungen nordwestlich von Belgorod, der Regimentsgefechtsstand liegt in Strelezkoje.

Wir lösen die Teile des SS-Panzergrenadierregiments 1 „Leibstandarte SS Adolf Hitler" ab. Schon in den nächsten Tagen wird der weitere Ausbau der Stellungen fortgesetzt. Auch der Feind ist eifrig beim „Schanzen". Beim Kradschützenzug ist nicht viel los. Ich fahre wieder jeden Tag nach Charkow. Sonst treiben wir Sport und liegen in der Sonne, warten auf die Dinge, die da kommen sollten. Und es sollte was kommen, an dem alles, aber auch alles, dran war. So eine Offensive sollte ich nie mehr erleben.

### *Zur Lage bei der Offensive auf Kursk, Juli 1943*

*Am 5. Juli 1943 traten nach langer Vorbereitung starke deutsche Verbände von Norden und Süden an, um auf Kursk vorzustoßen und dadurch den weit nach Westen hineinragenden sowjetischen Frontbogen abzuschnüren.*
*Das II. SS-Panzerkorps mit den SS-Panzergrenadierdivisionen „Leibstandarte SS Adolf Hitler", „Das Reich" und „Totenkopf" griff mit über 400 Panzern und Sturmgeschützen aus südlicher Richtung an.*
*Von Beginn an kam es zu härtesten Kämpfen gegen einen sich in kilometertief gestaffelten ausgebauten Stellungssystemen erbittert verteidigenden Gegner. Die Division „Totenkopf" erkämpfte einen Brückenkopf über den Psell.*
*Am 12. Juli 1943 entwickelte sich die größte Panzerschlacht der Kriegsgeschichte, an der auf beiden Seiten insgesamt etwa 1.500 Panzer und Sturmgeschütze kämpften. Auf einem leicht hügeligen, schmalen Geländestreifen von fünf bis sechs Kilometer Breite zwischen Psell und dem Bahndamm Belgorod - Kursk traten die Panzermassen gegeneinander an. Im Brennpunkt der Großoffensive stehend, vernichtete die Leibstandarte an diesem Tag 192 Feindpanzer, davon zahlreiche im Nahkampf.*

## Die Offensive auf Kursk

Der Feind besitzt zwischen Belgorod und Kursk einen weiten Frontvorsprung, welcher der „Kursker Bogen" genannt wird. Die Sache soll nun bereinigt werden. Dazu tritt das II. SS-Panzerkorps von Belgorod nach Norden an, mit dem Ziel Kursk. Von Orel treten Teile des Heeres nach Süden an, ebenfalls mit dem Ziel Kursk. Der Auftrag lautet, Kursk zu nehmen und die Front wieder geradezubiegen. [19]
Die SS-Panzergrenadierdivisionen „Leibstandarte SS Adolf Hitler", „Das Reich" und „Totenkopf" sollten nun zeigen, was sie können. In der Nacht zum 5. Juli 1943 fahren alle Reserven in Bereitstellung. Panzer, Ari, Nebelwerfer, Schützenpanzer, Schwimmwagen, alles ist vorhanden. Na, dieser Zauber kann ja gut werden.
5. Juli 1943, 03.00 Uhr morgens. Stuka, Bomber, Nebelwerfer, Jäger, Ari, schwere Flakbatterien sprechen zwei Stunden lang ein schweres Wort. Vierzig Feindmaschinen werden am ersten Tag abgeschossen. Die feindliche Luftwaffe kommt überhaupt nicht zur Geltung. Die „Rabatzer" machen verzweifelte Versuche die Luftherrschaft zu bekommen und unseren Nachschub zu stören. Aber gegen die Focke-Wulf sind sie nicht gewachsen.
Während noch am Himmel die Luftkämpfe toben, tritt die Infanterie zum Angriff an. Noch einmal bindet jeder seinen Helm fester. Der Iwan verläßt ruckartig seine Stellungen, setzt sich dann aber in seiner gut ausgebauten zweiten Stellung erneut fest. Er hat sich hier ein 20 Kilometer langes und 50 Kilometer tiefes Stellungssystem gebaut. Jetzt beginnt die harte Stunde der Grenadiere und Pioniere. Feind sitzt in der Vorderhangstellung bei Berissow. Der eigene Angriff wird durch die Minenfelder und den Panzergraben sehr erschwert. Nun heißt es: Pioniere ran! Viele müssen bei diesem Unternehmen ihr Leben lassen. Aber ein Lied heißt: „Pioniere sind stets munter..."
Immer wieder versuchen die Pioniere der 16./SS-Panzergrenadierregiment „Theodor Eicke" den Panzergraben zu sprengen und den Panzern den Weg freizumachen. Jedoch wehrt sich der Iwan verzweifelt, denn er weiß ganz genau, wenn die Sprengung gelingt,

dann ist der Weg in das Herz des Stellungssystems frei. In der Abenddämmerung wird der Versuch wiederholt. Artillerie, Nebelwerfer und schwere Infanteriewaffen trommeln auf die Feindstellungen. Inzwischen bringen die Pioniere die Sprengladungen an. Dann nach bangem Warten endlich eine Detonation. Eine große Erdfontäne steigt in die Höhe. „Hurra", die Sprengung ist geglückt; jedem fällt ein Stein vom Herzen.

Pioniere und Grenadiere geben ihr Bestes. Sofort wird zum Angriff angetreten. Tiger, Panzer IV, Sturmgeschütze rollen über die Sprengstelle. Nun ist der Weg ins feindliche Stellungssystem frei.

Dem II./SS-Panzergrenadierregiment „Theodor Eicke" gelingt es, den Iwan vom Rücken her anzugreifen und ihn aus der Stellung zu werfen. Zusammen mit den Panzern wird nun der Graben aufgerollt. Fluchtartig verläßt nun der Feind seine Stellungen. „Infanterie aufsitzen!", schallt der Ruf durch die Nacht, denn jetzt wird der Feind gejagt. Hell scheint der Mond, als der letzte „Rote" die Stellung verläßt oder in Gefangenschaft wandert.

„Panzergraben von Berissow", wie Feuer brennen diese Worte in den Herzen der Männer vom Regiment „Theodor Eicke". Wir haben unserem gefallenen Kommandeur keine Schande gemacht. Jeder einzelne weiß, was er dem Namen „Theodor Eicke" schuldig ist.

Der Feind ergreift die Flucht. Tag und Nacht sind wir hinter ihm her. Er kann sich nirgends mehr festsetzen. Wie in den ersten Tagen des Krieges kommt mir das vor. Mit der Genauigkeit eines Uhrwerks vollzieht sich der Vormarsch. Ziel ist Obojan. Glühend strahlt die Sonne vom Himmel. Unerträglich scheint die Hitze, aber es muß gehen. Was gelten hier noch die persönlichen Wünsche? Der Feind ist im Laufen und da muß er gejagt werden. Unentwegt greifen die Männer vom II. SS-Panzerkorps an. Die beiden Nachbardivisionen „Leibstandarte SS Adolf Hitler" und „Das Reich" können den Feind auch in die Flucht schlagen. Es ist genauso wie damals bei Charkow, immer wieder wird der Iwan gejagt. Das macht doch mehr Spaß, als der dauernde Stellungskrieg.

Am vierten Tag dieser Jagd stehen wir vor Prochorowka am Psell. Der Feind hat nun hier ein natürliches Hindernis gefunden und das

nützt er aus. Mit allen Mitteln verwehrt er uns den Übergang über den Fluß. Denn, wenn Prochorowka in unsere Hände fällt, ist auch das Schicksal von Obojan und Kursk besiegelt.
Zwei harte Kampftage vergehen, ohne daß es uns gelingt, die Brücke über den Psell in eigene Hand zu bekommen. Der Korps-General überzeugt sich an Ort und Stelle von der Lage. Er gibt den Befehl, noch einmal anzugreifen. Wenn es dann nicht gelingt, soll der Angriff eingestellt werden. Dieser Befehl wird den Männern bekannt gegeben.
Noch einmal greifen Stukas und Ari in den Kampf ein. Hinter den Grenadieren stehen schon die Brückenpioniere bereit, um den nachfolgenden Panzern eine gute Brücke zu bauen.
In den frühen Morgenstunden treten die Männer der 10. Kompanie des SS-Panzergrenadierregiments „Theodor Eicke" zum Gegenstoß an. Nach drei Stunden zähem Kampfes gelingt es endlich, die Brücke zu nehmen und einen kleinen Brückenkopf zu bilden. Während die Grenadiere die Sicherung übernehmen, verbessern die Pioniere die Brücke und machen sie für die Panzer befahrbar.
Der Feind wehrt sich noch immer mit allen Kräften in Prochorowka. Aber bis die Sonne untergeht, ist Prochorowka voll in unserer Hand. Die Infanteristen können sich keine Ruhe gönnen. Der Feind greift mit starken und guten Kräften den eigenen Brückenkopf an. Jedoch wird er immer wieder abgewehrt. Die Grenadiere haben keine gute Stunde, denn Panzer auf Panzer rollen auf unsere Stellungen. Einem Teil der T 34 gelingt es, in die Stellungen einzudringen. Aber keiner kann sie wieder verlassen. Denn mit Panzerfaust und Hafthohlladungen werden sie alle erledigt. [20]
Endlich können auch die eigenen Panzer die Brücke passieren. Sie greifen sofort in den Kampf ein und können so die schwer ringende Infanterie wesentlich entlasten. Es ist eine richtige Panzerschlacht: Panzer gegen Panzer. Obwohl der Russe einen offenen Panzerkampf meidet, kann er aber diesmal nicht mehr ausweichen.
Wie große Fackeln stehen abends die brennenden Panzer in den reifen Kornfeldern. Hier ist der krasse Unterschied, auf der einen Seite das Werden, das Reifen und auf der anderen der Untergang, die restlose Vernichtung. Aber der Feind läßt uns auch jetzt noch

keine Ruhe. Immer wieder jagt er seine Massen gegen unsere Stellungen. Die Grenadiere vom SS-Panzergrenadierregiment „Theodor Eicke" haben es nicht leicht. Auch wir müssen schwer bluten, auch unsere Panzer stehen brennend im Gelände. Trotzdem wird der Brückenkopf gehalten. Es ist wieder, wie schon so oft: Der eigene Angriff von Norden her kommt überhaupt nicht vorwärts. Schon nach einigen Tagen scheitert er. Der Feind steht nun tief in unseren beiden Flanken. Wenn wir nun nicht eingeschlossen werden wollen, müssen wir uns absetzen. Kaum, daß wir dies alles fassen können. Besonders den Grenadieren vom Brückenkopf ist das kaum zu erklären, denn mit ihrem Blut haben sie das alles erkauft und nun soll es wieder geräumt werden? Aber es ist nun einmal nicht zu ändern, so gut wie die Offensive begann, so schlecht endet sie nun. Außerdem verdichten sich die Gerüchte, daß der Feind auch am Mius durchgebrochen sei.
Wir sind ja die „Feuerwehr" und können wieder löschen...

## *Zur Lage zum Einsatz am Mius, August 1943*

*Nach den ununterbrochenen schweren Kämpfen in der Sommerhitze des Juli 1943 in der Kursker Offensive, wurde die SS-Panzergrenadierdivision „Totenkopf" plötzlich aus der Front gelöst und 400 Kilometer weiter nach Süden verlegt. Damit begann das, was die Männer der Division lakonisch „Feuerwehr" nannten: Das Ausbügeln von Krisen an anderen Frontabschnitten, wo nur noch die angriffs- wie ebenso standfesten Divisionen der Waffen-SS für eine Entscheidung sorgen konnten. Nordwestlich von Kuibyschewo waren die Sowjets über den Mius durchgebrochen, erzielten auf der Westseite des Mius einen Brückenkopf, aus dem sie die Ukraine bedrohten.*
*Ab 30. Juli 1943 rannte die gesamte „Totenkopf"-Division in ununterbrochenen, harten Kämpfen gegen die entscheidende Höhe 213,9 an. Der Gegner wußte um die Bedeutung und konnte erst nach drei Tagen härtester Kämpfe geworfen werden. Unter Führung von Hermann Prieß erreichte die Division den Mius und hatte damit den Brückenkopf bereinigt.*

## Kampf um den russischen Brückenkopf am Mius

Über Belgorod, Charkow, Ssokolowa, Kramatorskaja, Konstantinowka, Iszeum führt die Fahrt zum Mius. Unterwegs setzt noch sehr starker Regen ein. Die Straßen sind wieder grundlos. Jedoch lassen wir uns nicht aus der Ruhe bringen, denn es ist nicht das erste Mal, daß wir die Kräder schieben müssen. Nach zwei Tagen scheint die Sonne wieder und gleich gibt es wieder Staub. Ein Übel ist größer als das andere. Aber die Front am Mius brennt lichterloh und die Kameraden warten auf uns. Wir dürfen also keine Minute verlieren.
Todmüde und an allen Gliedern zerschlagen und mit brennenden Augen steige ich vom Krad. Dort wo ich war, schlafe ich auch schon ein. Es ist ganz schön, bei einer motorisierten Division Dienst zu tun, aber es gibt auch hier Schattenseiten.
In den Nachmittagsstunden des 29. Juli 1943 kommen die ersten Teile des SS-Panzergrenadierregiments „Theodor Eicke" in Snesnoje an, hier wird auch der Regimentsgefechtsstand bezogen. Die anderen Teile werden auf engem Raum zusammengezogen und alles wird zum Angriff vorbereitet. Wir könnten auch einigen Nachersatz gebrauchen, denn die letzten Kämpfe gingen nicht spurlos an uns vorüber. Aber leider bekamen wir nichts. Es muß auch so gehen.
In der Nacht zum 30. Juli 1943 rollen wir in den Bereitstellungsraum. Das SS-Panzergrenadierregiment „Theodor Eicke" bekommt noch einige Panzer von einer Heeres-Division zugeteilt. Vom Schacht II aus steigt der eigene Angriff. In den frühen Morgenstunden treten die Männer des SS-Panzergrenadierregiments „Theodor Eicke" an. In drei Tagen soll die ganze Sache bereinigt sein, dann wird die Division abgelöst und kommt nach Italien. So der Befehl, denn die SS-Panzergrenadierdivision „Leibstandarte SS Adolf Hitler" wurde bereits verladen. Aber es wurden mehrere Tage aus den Kämpfen, denn so schnell ist der Iwan auch nicht gelaufen. Es mußte tatsächlich jeder Meter Boden erkämpft werden. Zu allem

Pech besitzt der Feind auch noch die Luftherrschaft. Tagsüber kann man sich die „Rabatzer" nicht vom Himmel wegdenken. In der Nacht kommen die „lahmen Enten". In Massen sitzt der Feind in den Maisfeldern. Schon nach einigen Stunden hat das Regiment schwere Ausfälle, die sich sehr bemerkbar machen, außerdem wirken sie bedrückend auf die Männer.
Jedoch die Sache wird geschmissen und der Befehl der Division ausgeführt. Der Brückenkopf des Feindes ist eingedrückt.
Am 7. August 1943 erreichen wir den Mius. Die Zustände in den eigenen Stellungen sind grauenhaft. Darüber zu schreiben, erübrigt sich, denn es sind immer wieder dieselben Greuel.
Die Division hat bei diesen Kämpfen schwerstens geblutet. Auch der Nachbardivision „Das Reich" geht es nicht anders. Im allgemeinen spricht man von einem „Panzersterben" am Mius.
In der Nacht zum 9. August 1943 werden wir von einer Gebirgsdivision abgelöst. Wir freuen uns schon auf Italien.
Leider werden die Hoffnungen alle zunichte gemacht. Nach Italien kommt bloß die „Leibstandarte SS Adolf Hitler", die SS-Panzergrenadierdivisionen „Das Reich" und „Totenkopf" kommen wieder in den Raum von Belgorod.

## *Zur Lage im Raum Charkow, August 1943*

*Erneut wurde die SS-Panzergrenadierdivision „Totenkopf" im August 1943 im Eilmarsch an einen anderen Frontabschnitt verlegt; diesmal wieder nach Norden, in den Raum von Charkow, wo sie im Februar und März 1943 in den Angriffskämpfen bereits eingesetzt worden war.*
*Westlich Charkow stoppte die SS-Panzergrenadierdivision „Totenkopf" die starken Feindkräfte, die aus dem Raum Walki bis vor Poltawa gestoßen waren, bei Alexejewka wurde eine größere Kampfgruppe vernichtet. Bei Oleinikoff spielten sich weitere harte Kämpfe ab, bei Kolontajew vernichtete die „Totenkopf"-Division am 2. September 1943 insgesamt 72 Feindpanzer.*

# Brückenkopf Kolontajew

Dem Iwan ist es inzwischen gelungen, die eigenen Stellungen bei Belgorod zu durchbrechen und bis vor Charkow vorzustoßen. Die Ostfront brennt und wieder müssen wir löschen.
In Eilmärschen geht es nach Norden. Tag und Nacht kommen die Kraftfahrer nicht mehr zur Ruhe. Nur die Kettenfahrzeuge werden verladen, alles andere muß im mot.-Marsch das Ziel erreichen. Bis nach Charkow können wir nicht mehr fahren, denn der Bahnhof liegt schon unter Beschuß. Bereits in Merefa werden die Panzer ausgeladen, die motorisierten Teile der Division werden im Raum von Walki eingesetzt.
Ich habe noch die Gelegenheit, in den letzten Tagen in Charkow zu sein. Und was ich hier sehe, ist einfach undenkbar und doch bittere Wahrheit. Die Kameraden an der schwer ringenden Front werden in einer ganz gemeinen Weise hintergangen. Es ist besser, darüber nicht zu schreiben. (21)
Nun fällt Charkow wieder in Feindeshand. Dreimal wurde hart um diese Stadt gekämpft. Mit gutem deutschem Blut haben wir viele Wochen darum gerungen. Nun wird aber nie mehr ein deutscher Landser seinen Fuß nach Charkow setzen.
Das SS-Panzergrenadierregiment „Theodor Eicke" wird nordwestlich Walki zum Gegenstoß angesetzt. Es gelingt uns die vorgeprellten Teile des Feindes abzuriegeln und völlig zu vernichten. Es werden auch viele Frauen gefangengenommen. Die Division wird im OKW-Bericht genannt.
Nun steigt der eigene Angriff bei den drei „Brücken". Durch die Sümpfe von Obojan bahnen sich die Grenadiere ihren Weg. Verbissen verteidigt der Feind seine Stellungen. Aber noch verbissener ringen wir um den Erfolg.
Und unsere Bemühungen werden gekrönt. Nach zwei harten Tagen gelingt es, die Stellungen des Feindes zu überrennen und Kolontajew zu nehmen. Nun ist der Brückenkopf gebildet. Leider können uns die beiden Nachbareinheiten nicht folgen, sodaß wir nun wieder allein auf weiter Flur sind. Die Sache ist nicht angenehm, vor uns und zu beiden Seiten befindet sich sehr starker Feind. Im Rük-

ken der Sumpf, welcher bloß über die drei kleinen Holzbrücken passiert werden kann. Es ist ganz klar, daß der Feind diese Brücke Tag und Nacht unter Beschuß hält.
Die Pioniere der 16. Kompanie des SS-Panzergrenadierregiments „Theodor Eicke" haben dauernd mit dem Ausbessern zu tun. Leider sind diese Brücken unser einziger Nachschubweg. Nur unter den härtesten Bedingungen gelingt es uns, die feindlichen Angriffe abzuwehren.
Nach einigen Tagen gelingt es dem Iwan doch, mit starken Kräften bis nach Sslobodka vorzudringen und die Stellungen des I./SS-Panzergrenadierregiments „Theodor Eicke" aufzurollen. Nun steht der Feind bereits im Rücken des Regimentsgefechtsstandes. Die Sache wird brenzlig, der Kommandeur befiehlt Gegenstoß, an dem alles teilnimmt. Unter Anspannung aller Kräfte gelingt es, den Feind wieder aus Sslobodka zu werfen und die eigenen Stellungen wieder in die Hand zu bekommen.
Ziel des Feindes war es, die Brücken zu sprengen; aber er hat nicht mit dem Mut der Männer vom SS-Panzergrenadierregiment „Theodor Eicke" gerechnet. Der Iwan hat erkannt, daß er so nichts machen kann und stellt vorläufig seine Angriffe ein. Jedoch sind wir auch so schwach, daß wir froh sind, wenn uns der Feind einmal einige Tage in Ruhe läßt. Das Regiment hat kaum noch die Stärke eines Bataillons.
Am 9. September 1943 bekommt unser Regimentskommandeur, SS-Standartenführer Hellmuth Becker, das Ritterkreuz.

*Ständig ist Hugo Zährl mit dem Krad im Februar und März 1943 unterwegs.*

# Absetzbewegung von Kolontajew bis Krementschug (Dnjepr)

In der Nacht zum 10. September 1943 setzt sich das SS-Panzergrenadierregiment „Theodor Eicke" zum erstenmal ab. Der Gefechtsstand kommt nach Rindau. Der Feind versucht mit allen Mitteln, diese Bewegungen zu stören.
Weinen könnte ich, wenn ich all das fruchtbare Land sehe, welches wir mit unserem Blut erkämpft haben. Aber es ist eben Krieg.
Die Absetzbewegung vollzieht sich wie ein Uhrwerk. Kurz vor dem Übergang über den Dnjepr gelingt es dem Feind, das SS-Panzergrenadierregiment „Theodor Eicke" völlig einzuschließen. Der Iwan funkt bereits: „Regiment Eicke ist eingeschlossen und geht der Vernichtung entgegen!"
Damit aber ist unser Kommandeur und sind die Männer des Regiments nicht einverstanden. Noch in derselben Nacht wird der Durchbruch angesetzt. Die letzten Panzer fahren auf der Straße auf, die Infanterie sichert das ganze Unternehmen, dann sitzt auch sie auf. Nun geht es mit Karacho mitten in den Feind. Der ist überrascht und weiß nicht, wie ihm geschieht. Ehe er sich erholt, setzen ihm unsere Panzer schwer zu. Er glaubt anscheinend, daß wir seine Beute wären, aber er hat nicht mit den Männern des SS-Panzergrenadierregiments „Theodor Eicke" gerechnet.
In den frühen Morgenstunden ist es allen Teilen des Regiments gelungen, die feindliche Umklammerung zu durchbrechen. SS-Unterscharführer Bayer, Wölk und Schütze Göbel sind durch Panzergranatvolltreffer gefallen.
Vor der Brücke bei Krementschug wird noch einmal Stellung bezogen. In der Nacht rollen die Troßteile der verschiedenen Einheiten über die Brücke. Im Morgengrauen setzen sich auch die Nachhuten des Regiments ab, nachdem sich alle Teile der Division bereits am Westufer des Dnjepr befinden. Nun kann das Sprengkommando der Pioniere die traurige Pflicht erfüllen. Hinter uns ertönt die Detonation der Sprengung. Krachend sausen die schweren Brückenpfeiler der „Von-Rundstedt-Brücke" in die Fluten des Flus-

ses. Niemals wieder wird wohl ein Deutscher das Land ostwärts des Dnjepr betreten.

## Kämpfe um den Brückenkopf am Dnjepr

Unser Regimentsgefechtsstand kommt nach Kameno-Potozkoje. Sofort wird mit dem weiteren Ausbau der Stellung begonnen. Jedoch ist es schwer, in dem Dünensand irgendwelche festen Stellungen zu bauen. Der Feind führt seine Übersetzversuche fort, wird aber immer wieder abgeschmiert. Allerdings gelingt es ihm, beim rechten Nachbarn einen tieferen Brückenkopf zu bilden. Dort baut er sich eine Brücke unter dem Wasser. Die vielen kleinen Inseln im Fluß kommen dem Feind hierbei sehr zustatten.
In der Nacht hört man sehr starken Gefechtslärm beim rechten Nachbarn. Der Iwan ist schon sehr tief in unserer Flanke.
Im eigenen Abschnitt ist weiter nicht viel los. Außer einigen Stoßtrupps auf die Inseln bleibt der Iwan ruhig. Aber die Sache beim rechten Nachbarn wird immer schlimmer. Es soll also mit der vielbesagten Winterruhe nichts werden.
Im Oktober setzt die Regenperiode ein und verwandelt alle Straßen wieder in einen furchtbaren Zustand. Nun kommt der Befehl zum Stellungswechsel. Na, „Prost die Mahlzeit", denke ich mir. Unsere Kräder sind anscheinend bloß zum Schieben da. Mehr schiebend als fahrend, erreichen wir dann auch den neuen Gefechtsstand. Drei volle Tage braucht das SS-Panzergrenadierregiment „Theodor Eicke", bis der Stellungswechsel vollzogen ist. Unser Regimentsgefechtsstand befindet sich in Losowatka.
Der Auftrag für die Division lautet, den Brückenkopf einzudrücken. Dazu kommen noch einige Divisionen aus Italien, darunter auch die SS-Panzergrenadierdivision „Leibstandarte SS Adolf Hitler". Nun steigt der eigene Angriff. Aber es ist nicht mehr viel zu retten, denn es dauert immerhin eine gewisse Zeit, bis alle Teile im Bereitstellungsraum sind. Dann aber geht es ran. Leider sitzt der Feind schon ziemlich stark in seiner neuen Stellung. Jedoch es gelingt uns,

ihn aus seinen Gräben zu werfen und ihn in die Flucht zu schlagen. Aber für uns ist die Sache nicht leicht. Denn bei diesem schlechten Wetter hat eine motorisierte Division nichts zu lachen. Nach einigen Tagen wird der Feindwiderstand zu stark und wir müssen auf den Höhen ostwärts Bairak Stellung beziehen.

### Zur Lage im Raum Kriwoi-Rog

*In den Morgenstunden des 14. November 1943 gelang den Sowjets ein Einbruch bei einer Infanteriedivision. Das in diesen Raum herangeführte SS-Panzergrenadierregiment 6 „Theodor Eicke" entriß dem Gegner durch einen schnell geführten Gegenangriff das Gelände und hielt es gegen mehrere Feindangriffe.*
*Am nächsten Tag trat der Gegner mit neuen Kräften, stärkstem Artilleriefeuer, rollendem Schlachtfliegereinsatz, unterstützt von 48 Panzern, an. Das III. Bataillon des SS-Panzergrenadierregiments 6 „Theodor Eicke" wurde trotz tapferer Gegenwehr bis an den Ostrand von Bairak zurückgedrückt. Der Regimentskommandeur SS-Obersturmbannführer Karl Ullrich führte dagegen einen Entlastungsangriff, der die alte Hauptkampflinie wieder in die eigene Hand brachte. Dadurch wurde ein sowjetischer Durchbruch auf Kriwoi-Rog verhindert.*

*Willi Herberth mit ukrainischen Dorfbewohnern in Rubanowka; 16./SS-Panzergrenadierregiment „Theodor Eicke".*

# Kampf um Bairak

Sofort werden mit allen zur Verfügung stehenden Mitteln und Arbeitskräften die Stellungen ausgebaut. Keine Minute Ruhe haben die Grenadiere, Nacht für Nacht wird eifrig geschanzt.
Zu komisch, daß der Feind unsere Arbeit überhaupt nicht stört. Es ist allerdings wieder die bekannte Ruhe vor dem Sturm.
Die Division wird aus den Stellungen abgelöst und kommt zwischen Kirowograd und Kriwoi-Rog in Ruhe, als sogenannte Armeereserve. Regimentsgefechtsstand in Gurowka.
In den ersten Novembertagen kommt unser alter Kommandeur SS-Standartenführer Hellmuth Becker weg und SS-Obersturmbannführer Karl Ullrich übernimmt das Regiment „Theodor Eicke". [22]
Am 8. November 1943 wird mir die Nahkampfspange in Bronze verliehen. Zum 9. November 1943 gibt es noch einige Beförderungen.
Noch in derselben Nacht hat das Regiment Alarmstufe I. Der Iwan ist bei Bairak mit starken Kräften zum Angriff angetreten. In der Nacht zum 10. November 1943 rollt das Regiment in Bereitstellung. Zu allem Pech dauert die Regenperiode noch immer an. Den ganzen Tag und die Nacht braucht das Regiment, bis alle Teile den zugewiesenen Raum erreicht haben. Leider wird dadurch der eigene Angriff um einen Tag verzögert. Für unsere schwer ringenden Kameraden ist das bestimmt kein Trost.
Als das Regiment sich bereitstellt, hat der Feind bereits Bairak voll in eigener Hand. Alles, aber auch alles, nimmt an diesem Gegenstoß teil. Wenn es beim erstenmal nicht klappt, dann ist es aus. Der Regimentskommandeur führt den Angriff selber. Der Iwan leistet harten Widerstand. Bis spät in die Nacht hinein dauert der harte Kampf.
Endlich, in den ersten Morgenstunden ist der letzte Iwan aus Bairak geworfen. Das Regiment bezieht nun in den alten Stellungen auf den Höhen ostwärts Bairak die Gräben. Die Höhen bilden eine fabelhafte Abwehrstellung.
Völlig ausgepumpt und ohne zu Schlafen, liegen die Grenadiere in den Stellungen. Mit Mühe und Not kann in der Nacht die Stellung

gehalten werden. Jedoch die Infanteristen geben ihr Bestes. Zwei Tage später tritt der Feind zu dem erwarteten Gegenangriff an. Erst schießt er eine Stunde lang mit allen Kalibern auf unsere Stellungen. Dann jagt er seine Infanteriemassen gegen unsere Grenadiere. Dann setzt er noch seine Panzerwaffe ein.
Schwer ringen unsere Grenadiere, Panzermänner, Funker und alles, was noch ein Gewehr halten kann, um den Abwehrerfolg. An vielen Stellen kann der Feind die eigene HKL durchbrechen und mit schwachen Teilen in den Ort eindringen. Es besteht keine zusammenhängende Front mehr. Alles greift schon in den Kampf ein. Selbst der Kommandeur vom II./SS-Panzergrenadierregiment 6 „Theodor Eicke" steht mit der Waffe vor seinem Bunker. Beim II./SS-Panzergrenadierregiment 6 „Theodor Eicke" gelingt es dem Feind auf der ganzen Linie des Bataillons durchzubrechen. Aber noch immer stehen die lichten Reihen der Grenadiere vom II. Bataillon, hart und schwer ist der Kampf der Männer vom Bataillon Launer. [23]

Obwohl der Feind schon tief in ihrer Flanke steht, halten sie noch immer die Stellung. Der Iwan hat nun aber eine Lücke gefunden und marschiert in Richtung des Regimentsgefechtsstandes.
Fast im Rücken steht der Feind schon. Aber die wenigen Männer in der HKL geben ihr Letztes und weichen keinen Schritt zurück. Damit ist auch der Erfolg des angesetzten Gegenstoßes gewährleistet. Unser Erkunderzug wird zur Abriegelung der vorgestoßenen Feindteile auf der Höhe X eingesetzt. Es gelingt uns, die Russen vor der eigenen Ari-Stellung aufzufangen. Kanoniere der Flak und der Artillerie greifen mit in den Infanteriekampf ein. Einige Panzer werden mit der Panzerfaust erledigt. Drei weitere schießt die 7. Batterie des SS-Artillerieregiments 3 ab. Bis zur Abenddämmerung wird diese Auffangstellung gehalten.
Noch in der Nacht wird zum Gegenstoß angetreten. Feind versucht mit allen Mitteln, unseren Angriff zum Scheitern zu bringen. Jedoch zäh und verbissen rennen wir immer wieder gegen den Feind, denn es gilt ja, die schwer ringenden Kameraden vom II./SS-Panzergrenadierregiment 6 „Theodor Eicke" zu entlasten. Nur unter

den härtesten Bedingungen halten diese Männer die befohlene Stellung.
Langsam graut der Morgen, als die schwer angeschlagenen Teile des Regiments die alte HKL erreichen. Der Iwan hat es uns nicht leicht gemacht. Aber Bairak ist wieder voll und ganz in eigener Hand. Hart und verbissen war der Kampf um den Erfolg. Jedoch wenn Führer, Unterführer und Männer ihr Bestes geben, dann muß es klappen. Es wäre schön, wenn es bei allen Teilen so wäre, wie bei uns.
Eigentlich wären wir für die Ablösung reif, doch auch jetzt sollten wir keine Ruhe bekommen. Nachdem die alte HKL wieder fest in unserer Hand ist, wird das Regiment in die Stellungen weiter nach rechts verlegt. Hier werden Teile des SS-Panzergrenadierregiments 5 „Totenkopf" abgelöst.
Voll Stolz können wir auf unseren Abwehrerfolg blicken. Weit über hundert Panzer sind abgeschossen worden. Ansonsten wurden dem Feind noch schwere Verluste an Menschen und Material zugefügt. Der Versuch des Feindes, den Südflügel der Heeresgruppe Südukraine einzudrücken, ist damit zunichte gemacht worden. Nur der Zähigkeit der Männer der SS-„Totenkopf"-Division und der 14. Panzerdivision ist es zu danken, daß dem Feind seine groß angelegte Offensive nicht gelang.
Generalfeldmarschall von Manstein sendet uns folgenden Funkspruch:
*„Bravo SS-Totenkopf.*
*Ihr seid Mordskerle.*
*gez. von Manstein*
*Generalfeldmarschall"*
So endet der große Kampf um Bairak. Die beiden Städte Kriwoi-Rog und Kirowograd bleiben nach wie vor in unserer Hand.

## Abwehrkämpfe im Raum südlich Kirowograd

In dem neuen Stellungsabschnitt herrscht einige Tage Ruhe. Dann aber tritt der Feind erneut zum Durchbruch an. Beim II./SS-Panzergrenadierregiment 6 „Theodor Eicke" kann der Feind bis zum Bataillonsgefechtstand vordringen. Dort kann er nur mit Mühe und Not aufgefangen werden.
Mein Erkunderzug wird sofort zum Gegenstoß angesetzt. Mit Unterstützung von zwei Sturmgeschützen treten wir an. Feind sitzt mit stärkeren Kräften in der eigenen HKL. Mit wüstem MG-Feuer empfängt er uns und will nicht aus der Stellung weichen. Der Angriff kommt ins Stocken.
Ich liege neben meinem Zugführer und sage: „Nun bleibt uns bloß noch das ‚Hurra!'" Wie gesagt, so getan. „Hurra!" und rein in die Stellung. Es ist doch ein komisches Gefühl, als ich mit dem Zugführer aufspringe und in die Stellung einbreche. Nun gibt es auch bei den Männern kein Zögern mehr. Sie folgen unserem Bespiel und im Nu haben die MG im Graben Fuß gefaßt und nehmen dem weichenden Feind ihr Feuer. Nun geht es ruckzuck ran und der Iwan muß die Stellungen verlassen. Er zieht sich nach Osten zurück. Jedoch stellt er sich in dem kleinen Wäldchen gleich wieder zum Angriff bereit. Feind setzt auch bald darauf von beiden Seiten zum Gegenstoß an. Wir wenigen Kradschützen sind nun in der Zange, es gibt bloß eines, wie kommen wir heil aus dieser Lage heraus?
Immer näher und näher rückt der Feind. Wir eröffnen das Feuer noch nicht, denn es muß mit der Munition gespart werden. Erst auf kurze Entfernung wird das Feuer eröffnet und der Feind wird zu gleicher Zeit mit Handgranaten bekämpft. Zum Pech fällt der Zugführer, SS-Unterscharführer Dilger. Ich übernehme nun den Zug. Kurz hintereinander werden noch zwei Männer verwundet und der MG-Schütze fällt (SS-Sturmmann Heiligenbeimer). Auch wird die Munition knapp. Es bleibt mir nun keine andere Wahl, als mich abzusetzen. Vorher erledige ich mit den Männern die restlichen Feinde. Fünf Iwans treten noch den Weg in die Gefangenschaft an.

Leider muß ich die Toten und Verwundeten in der Stellung liegenlassen. Aber es ist einfach nicht anders möglich. Bei diesem Unternehmen hat der Zug drei Tote und sieben Verwundete.
Die restlichen Männer werden nun bei der 10./SS-Panzergrenadierregiment 6 „Theodor Eicke" eingesetzt. Hier ist an sich nicht viel los. Der Feind bleibt ruhig, bis auf einige Spähtrupps, welche vor der eigenen Stellung zusammengeschossen werden.
Nach einigen Tagen macht das Regiment wieder Stellungswechsel und erhält Nachersatz von der Division „Hohenstaufen". Wir wenigen Kradschützen werden abgelöst und kommen wieder zum Regiment zurück. Vom Kommandeur bekommt jeder - leider nur noch zehn Männer - zwanzig Zigaretten. Es ist wenig, jedoch haben wir uns sehr darüber gefreut. Es geht nicht um die Gabe, sondern um die Anerkennung der Leistungen.
Der Regimentsgefechtsstand kommt nach Hof-Gruska, ostwärts der Rollbahn Kirowograd - Kriwoi-Rog.
Die 15. (Kradschützenkompanie) des SS-Panzergrenadierregiments 6 „Theodor Eicke" wird aufgelöst, die restlichen Männer kommen zu unserem Erkunderzug des Regiments. Der Zug soll nun wieder zusammengeflickt werden; von einer Neuaufstellung kann man nicht sprechen. Die Kräder werden auch so einigermaßen in Ordnung gebracht. Na, es wird schon wieder werden mit dem alten Kradschützenzug...
Nun beginnt endlich das in-den-Urlaub-fahren. Urlaub ist ja das Zauberwort für jeden Soldaten.
Langsam naht nun wieder das Weihnachtsfest. Es ist schon das fünfte in diesem Kriege. Am Heiligen Abend kommt der Chef nach vorne zum Zug. Eine schlichte und eindrucksvolle Feier findet bei uns am Zuggefechtsstand stand. Für mich hat der Chef noch eine freudige Überraschung: Ich werde im Laufe des Abends zum SS-Unterscharführer befördert.
Nun beginnt der heitere Teil. Bis zum Morgen dauert der ganze Zinnober. Ich habe zu allem Pech noch in derselben Nacht Führer vom Dienst (F.v.D.). Ich nahm es diesmal mit meinen Pflichten nicht so genau. Dies eine Mal konnte ich es mir schon erlauben, denn an diesem Tag hat auch der strengste Vorgesetzte ein Einse-

hen. Jedoch für mich sollte es eine noch größere Freude geben. Am 27. Dezember 1943 darf ich in Urlaub fahren, das ist doch herrlich. Neunzehn Jahre und Unteroffizier! Wie werden sich meine Eltern freuen - so ein klein wenig Stolz kommt doch in mir auf.

## Fahrt in den Urlaub

Schnell sind meine wenigen Sachen gepackt. Ein Kradmelder bringt mich zum Troß. Dort wird mir der Urlaubsschein in die Hand gedrückt. Mit zweihundert Zigaretten und zwei Flaschen Schnaps versehen, trete ich die Fahrt zum Bahnhof nach Kriwoi-Rog an.
Von meinem Zug fahren auch noch einige Männer mit. Wenn ich auch nun Unterscharführer bin, so lasse ich es doch den Männern gegenüber nicht merken, denn ich will immer der alte Kamerad bleiben. Am Bahnhof in Kriwoi-Rog wird sich gleich ein Waggon organisiert und richtig eingeheizt, denn es ist schon sehr kalt. In den späten Nachmittagsstunden verläßt der Zug den Bahnhof. Ziel ist Nikolajew. Immer weiter fährt der Zug nach Westen. Am anderen Nachmittag erreichen wir Nikolajew. Nach Fassen der Marschverpflegung geht es auf Lastkraftwagen weiter nach Odessa. Nie werde ich diese Fahrt vergessen. Auf den schlechten Straßen werden wir richtig durcheinander geschaukelt, dazu sind wir noch wie die Heringe auf den LKW zusammengepreßt. Abends kommen wir in Odessa an. Leider werde ich enttäuscht, denn es ist nichts mit der sofortigen Weiterfahrt. Eigentlich versäume ich nichts, aber es ist doch eine gewisse Unruhe in mir. Ja, es ist eben das Urlaubsfieber.
Im Soldatenheim wird erst einmal Quartier bezogen. Zu kaufen gibt es in der Stadt sehr viel, aber unheimlich teuer. Jedoch an Geld fehlt es uns nicht und so werden einmal die Sachen gekauft, welche ich mir schon lange an der Front gewünscht habe.
Heute ist Silvester. Abends wird richtig gefeiert, denn auch das braucht der Soldat einmal. Die ganze Nacht hindurch ziehe ich mit

meinen Kameraden von Lokal zu Lokal. Mit einem ganz schönen Humor kommen wir am nächsten Morgen im Soldatenheim an. Auf dem Heimweg gehen wir durch das Hafenviertel. Aus den Kneipen tönen viele heisere und laute Stimmen, welche schon von allzu vielem Alkoholgenuß zeugen. Man braucht bloß einen Blick in diese Schenken zu werfen und schon hat man genug. Wie es eben überall ist, Frauen und wieder Frauen. Es ist doch komisch, mag die Zeit auch noch so hart und ernst sein, dieses Geschäft blüht immer. Dunkle Gassen werden gesucht und gefunden.

Das Treiben geht nun schon die ganze Nacht. Grölend ziehen die Zivilisten und viele rumänische Soldaten durch die Straßen von Odessa. Na, es ist eben Silvester und jeder will das Leben einmal von der schöneren Seite kennenlernen.

Nachdem ich einige Stunden auf dem Fußboden im Soldatenheim geschlafen habe, gehe ich mit meinem Kameraden zum Schauspielhaus. Von hier aus hat man einen schönen Überblick über das Schwarze Meer. Ruhig schlagen die Wellen des Meeres an den Strand. Eigentlich paßt zu dieser Stimmung das Lied: „...wo die Nordseewellen schlagen an den Strand..."

Weithin geht mein Blick hinaus aufs Meer. Eine feierliche Ruhe herrscht überall. Nur kleine Fahrzeuge der Kriegsmarine liegen an der Mole. Ab und zu hört man eine Schiffssirene. Alles erscheint in einem neuen Glanz. Die Bewohner gehen festlich gekleidet durch die Straßen, jedoch das Grau der deutschen Uniform beherrscht das gesamte Bild.

Meine Gedanken gehen zurück an das vergangene Jahr. Wieviel Schönes und Schlechtes habe ich doch erlebt. Oft träumte ich vom Urlaub. Jetzt, wo es soweit ist, habe ich eigentlich ein wenig Angst davor. Denn es gibt ja im schönsten Urlaub einen Abschied. Aber im Großen und Ganzen erfüllt doch eine große Freude mein Herz. Schon in einigen Tagen werde ich bei meinen Eltern sein. Ich freue mich schon so darauf.

Nun mache ich noch einen Bummel durch die Stadt. Odessa wird noch einmal von allen Seiten angesehen. Am Nachmittag geht der Urlauberzug nach Przemysl. Freudigen Herzens steige ich in den Zug. Der Zug rollt immer weiter nach Westen. Urlaub, Urlaub, Ur-

laub, singen mir die Räder des Zuges. Nach zwei Tagen erreichen wir Przemysl. Gleich gehe ich in die Entlausung, denn schon am Nachmittag geht mein Zug weiter nach Leipzig. Anschließend an die Entlausung hole ich mir meine Marschverpflegung, mein Führerpaket und noch eine Flasche Sekt. [24]
Gegen 10.00 verläßt der Zug die Halle des Bahnhofs. Immer näher komme ich der Heimat. Langsam verschwindet die eintönige Natur des Ostens. Immer dichter werden die Siedlungen entlang der Bahnlinie. Es geht unserem schönen Deutschland entgegen. Meine Gedanken gehen dem Zug schon weit voraus.
Ich kann es schon gar nicht mehr erwarten, bis ich in Eger aussteigen kann. Jedoch auch diese Stunde kommt. In Leipzig steige ich um und fahre nach Aussig. Am anderen Tag komme ich abends in Falkenau an. Leider muß ich von hier nach Hause gehen, denn es geht kein Postauto mehr. Der Weg ist mit allerdings so leicht, denn es geht ja zu meinen Eltern.
Meine Mutter schläft bereits, als ich ankomme. Sie kann es kaum fassen, daß ich in Urlaub bin! Mir selber geht es auch so. Vor einigen Tagen lag ich noch in irgendeinem Schützenloch an der grossen Ostfront und nun soll ich wieder in einem Bett schlafen können. Es ist alles wie in einem Traum. Mit Tränen in den Augen fällt mir meine Mutter um den Hals.
Mein Vater kommt erst spät in der Nacht aus der Arbeit nach Hause. Ich kann nicht schlafen und so erwarte ich ihn. Still gebe ich meinem Vater die Hand. Nur mit Mühe kann ich meine Tränen zurückhalten.
Ich kann gar nichts sagen, denn meine Kehle ist wie zugeschnürt. Bald gehen wir schlafen. Mein Vater fragt nicht viel. Ich weiß schon, was ich erzählen muß. Er versteht mich am besten. Die Leiden und Freuden eines Soldaten kann er am besten verstehen, weil er ja selber über Jahre Frontsoldat war. Für mich ist diese besinnliche Stunde die schönste meines Urlaubs.
Die Zeit rennt dahin und läßt sich nicht festhalten. Auch der schönste Urlaub geht vorüber. Noch einige Tage verbringe ich auf der Silberhütte im Oberpfälzerwald. Dann ist die Stunde des Abschieds da. Ganz allein gehe ich zur Bahn. Ich kann die traurigen

Augen meiner Mutter nicht sehen. Der Abschied fällt mir so schwer. Ja, die Pflicht ruft und die Gefühle müssen weichen.

## Zurück ins Paradies

Nun fahre ich wieder zurück nach Przemysl. In derselben Nacht fahre ich nach Lemberg weiter. Hier muß ich noch einige Tage bleiben, denn an der Front geht wieder alles durcheinander. Viele meiner Kameraden von der Division treffe ich hier. Die wenigen Tage, die wir noch Ruhe haben, werden voll und ganz ausgenützt. Es gibt kein Lokal in Lemberg, das wir nicht kennen.
Nach sechs Tagen geht die Fahrt weiter nach Odessa. Zwei Tage später kommen wir in der Stadt an; auch hier geht schon alles drunter und drüber. Jene Nervosität herrscht hier, welche sich immer bemerkbar macht, wenn der Feind noch hundert Kilometer von der Etappe weg ist. In der Nacht fahren wir nach Nowo-Ukrainka weiter. Die Fahrt ist mehr als eine Bummelei. Endlich, nach sieben Tagen, kommen wir in Nowo-Ukrainka an. Zum Glück finde ich ein Fahrzeug von meinem Regiment. Der Haufen liegt schon wieder in einem anderen Raum.
Als ich am 10. Februar 1944 bei meinem Zug ankomme, fährt SS-Unterscharführer Gruber in Urlaub und ich übernehme den Erkunderzug. Der Regimentsgefechtsstand befindet sich in Kowaljewka. Der Feind ist sehr ruhig. Nur die Schlammperiode macht uns schwer zu schaffen. Jedoch der Winter sollte noch einmal kommen. Für den Zug gibt es weiter keine Arbeit, als Wache stehen.
Am 13. Februar 1944 wird der Zug zusammen mit der 16. Pionierkompanie des SS-Panzergrenadierregiments 6 beim III. Bataillon des SS-Panzergrenadierregiments 6 „Theodor Eicke" eingesetzt. „Für einen Tag", sagt der Kommandeur. Jedoch ich glaube nicht daran.
In den späten Abendstunden übernehme ich einen Zugabschnitt der 2./SS-Panzergrenadierregiment 5 „Totenkopf". Ich habe mit

meinen 18 Männern ungefähr 800 Meter Stellung zu halten; zu allem Pech fehlt auch der Anschluß nach rechts. Am ersten Tag geht alles leidlich gut. Bis auf einiges Gewehrfeuer der Scharfschützen blieb der Feind ruhig. Auf beiden Seiten wird aufrecht in den Stellungen herumgelaufen. Über Nacht setzt stärkerer Frost ein. Die Männer werden in den Löchern fast eingeschneit. Einer muß immer, solange er auf Posten steht, Schnee schaufeln, damit der andere ihn ablösen kann, denn im Nu sind die Schützenlöcher wieder zugeschneit. Kaum, daß ich bei der Postenkontrolle die einzelnen Löcher finde. Ohne Leuchtpistole kann ich überhaupt nichts anfangen. Wenn ich zum Kompaniegefechtsstand muß, habe ich immer die liebe Not, daß ich zu meinem Zug zurückfinde, denn der Wind dreht sich alle paar Minuten. Einmal ist es mir passiert, daß ich volle zwei Stunden im Kreis herumlief, ehe ich zu meinem Zuggefechtsstand zurückgefunden habe.

Keiner denkt wohl daran, daß der Iwan bei diesen Verhältnissen angreifen wird. Unsere Waffen sind kaum mehr zu gebrauchen, nicht einmal die Gewehre schießen mehr. Von den Maschinengewehren ist überhaupt nicht zu reden. Zum Glück ist meine MPi. noch in Ordnung.

Und der Feind greift doch an. Untergehakt und schreiend kamen sie auf unsere Stellung los. Ganz verzerrt klingt ihr „Hurrä" durch den Sturm. Ich bin kurz vorher zum Chef befohlen worden. Kaum bin ich beim Kompaniegefechtsstand angekommen, als auch schon die ersten Teile der Infanterie abhauen. Ich mache gleich kehrt und gehe in die Stellung zurück. Als ich dort ankomme, herrscht ein Durcheinander, sodaß ich kaum weiß, wo ich den Gegenstoß ansetzen soll. Ein Teil der Männer hat sich in dem Schneesturm verlaufen. Bloß sechs Männer finde ich noch in der Stellung vor. Es bleibt mir nichts anderes übrig, als sofort zum Gegenstoß anzutreten. Mit einigen Handgranaten und vielem Hurra-Geschrei gelingt es mir, den Iwan zu werfen und die eigene HKL wieder voll in meine Hand zu bekommen. Nach und nach treffen auch die restlichen Männer des Zuges ein.

Immer wird mir diese Nacht in Erinnerung bleiben, wo ich mit sechs Männern den 800 Meter langen Abschnitt verteidigen mußte.

Jedoch auch diese Nacht geht vorüber. Am anderen Morgen habe ich meinen Zug wieder voll beisammen und kann den Abschnitt wieder einigermaßen besetzen. Sobald der Sturm nachläßt und die Sicht besser wird, kommen einige Panzer in meinen Abschnitt als Unterstützung. Die feindlichen Stellungen bekämpfen wir nun mit den Panzerkanonen und den leichten Infanteriewaffen. Der Iwan nimmt seine Schnauze in den Dreck und greift nicht mehr an.
In der folgenden Nacht werde ich von Teilen der 10./SS-Panzergrenadierregiment 6 „Theodor Eicke" abgelöst. Mit meinen Männern komme ich nun wieder zum Regimentsgefechtsstand. Auch die 16. (Pionierkompanie) des SS-Panzergrenadierregiments 6 „Theodor Eicke" wird abgelöst.
Leider haben sich einige Männer noch schwere Erfrierungen geholt. Nun müssen sie aber unbedingt in eine bessere Pflege kommen. So bleiben mir nur noch wenige Männer einsatzfähig. Ich habe eine Kampfstärke von -/1/5 (kein Führer, ein Unterführer, fünf Männer). Zum Glück kommen in den nächsten Tagen einige Männer aus dem Urlaub zurück.
Wir haben wenigstens wieder eine warme Stube. Und das ist bei der Kälte viel wert. Denn es ist noch einmal mit aller Gewalt Winter geworden. Die Kräder waren völlig eingeschneit. Erst müssen sie nun in Ordnung gebracht werden, denn in den nächsten Tagen sollen wir Stellungswechsel machen.
Mit Feuereifer geht es an die Arbeit. Nach einigen Tagen habe ich meine vier Kräder in bester Ordnung. Da ich bloß zwölf Männer habe, bringe ich meinen ganzen Zug auf den Maschinen unter. [25] Nun endlich scheint auch der Winter vorüber zu sein. Es beginnt zu regnen und die Straßen sind wieder grundlos. Nun beginnt der Stellungswechsel. Das kann wieder eine Fahrt werden...
Zum Glück bekomme ich vom Kommandeur die Erlaubnis, einige Tage früher zu fahren. Ich habe weiter noch den Auftrag, in Nowo-Ukrainka Quartier zu machen. Es wurde mehr eine Schiebung, als eine Fahrt. Endlich, spät in der Nacht des nächsten Tages, erreiche ich den Troß in Nowo-Slynka. Nur eine Nacht kann ich ruhig schlafen, dann ist schon wieder Alarm und ich muß zum Regiment nach vorne.

Während der Ablösung ist der Iwan zum Angriff angetreten und hat die Stellungen der Nachbardivision überrannt. Nun ist es ihm ein Leichtes, uns in den Rücken zu fallen.
Das Regiment ist bereits auf dem Marsch nach Nowo-Ukrainka. Wir werden in den Kampf geworfen und es gelingt den Feind aufzufangen und eine Sicherungslinie aufzubauen. Endlich, nach zwei harten Kampftagen, wird das Regiment abgelöst. Leider müssen wir bei diesen Kämpfen einen großen Teil unserer Fahrzeuge sprengen.
Noch in den späten Abendstunden bezieht das Regiment Unterkunft in Nowo-Ukrainka, in der Nähe des Bahnhofs. Bereits am nächsten Morgen werden die Teile des Regiments verladen. Ein Zug nach dem anderen verläßt Nowo-Ukrainka in Richtung Balta.

*Auch im Frühjahr und Sommer 1942 werden die Stellungen der „Totenkopf"-Division ständig von den Sowjets angegriffen.*

**Zur Lage am Dnjestr, März 1944**

*Die deutsche 8. und 6. Armee waren durch den Vorstoß der Sowjets auf Uman am 10. März 1944 und deren Übertritt über den Bug nach Süden stark gefährdet. Ihrem weiteren Vorstoß zum Dnjestr stand wenig entgegen und genau dahin wollte die deutsche 1. Armee in der ersten Märzwoche hin verlegen.*
*Als bewährte Feuerwehr der Ostfront wurde die 3. SS-Panzerdivision „Totenkopf" im März 1944 per Bahn, die Kampfstaffel und das II./SS-Panzergrenadierregiment 6 „Theodor Eicke" sogar im Lufttransport (mit Großflugzeugen des Typs „Gigant") von Nowo-Ukrainka in den Raum von Balta verlegt. Unter schwierigsten Witterungsverhältnissen erreichte die Division den Einsatzraum und zerschlug einen sich bildenden sowjetischen Brückenkopf bei Olgopol und erkämpfte einen eigenen Brückenkopf bei Tschetschelnik über den Ssawranka-Bach.*
*Der Gegner brach am 19. März 1944 bei der rechts von „Totenkopf" liegenden Nachbareinheit ein, stieß nach Süden auf Ljubomirka und nach Westen auf der Rollbahn Olgopol – Ssawranka vor.*
*Der Regimentskommandeur von Hugo Zährl, SS-Obersturmbannführer Karl Ullrich, stoppte den Gegner am Westrand von Ljubomirka und ostwärts der Rollbahn. Danach führte der bewährte Ullrich am 20. März 1944 einen Gegenangriff in zwei Stoßrichtungen, der sich nach Verbindungsaufnahme zum Stoß nach Norden vereinte. Hierdurch gelang es, den Ssawranka-Abschnitt zu halten und die später durchgeführte Absetzbewegung planmäßig durchzuführen. Dies war einer der Leistungen, für die SS-Obersturmbannführer Karl Ullrich am 14. Mai 1944 mit dem Eichenlaub zum Ritterkreuz ausgezeichnet wurde.*

*Panzer des Panzerregiments „Totenkopf" im März 1943 in Charkow.*

*Pioniere des I. Zuges der 16./SS-Panzergrenadierregiment „Theodor Eicke".*

*Ein junger SS-Unterscharführer und Panzerkommandant im Turm seines Panzers.*

*Durch Eis und Schlamm kämpfen sich die Panzer der „Totenkopf"-Division vorwärts.*

*Der Reichsführer SS Heinrich Himmler besucht im Frühjahr 1943 die „Totenkopf"-Division. Links Otto Baum, Kommandeur SS-Panzergrenadierregiment „Totenkopf", in der Mitte Sepp Kiermaier aus dem Stab Himmlers.*

*Am 5. Juli 1943 beginnt die Operation „Zitadelle", die deutsche Angriffsoperation gegen den Frontbogen bei Kursk.*

*Vormarsch unter der Wirkung der sowjetischen Artillerie.*

*In einem Schützenpanzerwagen fährt eine Gruppe Panzergrenadiere ins Gefecht.*

*Kradmelder während der Kursker Offensive im Juli 1943.*

*SS-Obersturmbannführer Rudolf Schneider, der Kommandeur des I./SS-Panzergrenadierregiment 5 „Totenkopf", fällt am zweiten Tag der Kursker Offensive, am 6. Juli 1943 bei Ssmorodino. Er war im Sommer 1942 Ia der Division und zu Beginn des Rußlandkrieges Chef 10./SS- „Totenkopf"-Infanterieregiment 1.*

*Sie sind froh, daß er noch einmal mit dem Leben davon gekommen ist. Frontkameraden, die täglich dem Tod gegenüberstehen.*

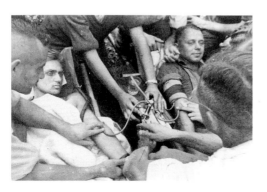

*Er gibt seinem verwundeten Kameraden sein Blut. Weil die Soldaten der Waffen-SS die Blutgruppenbezeichnung eintätowiert hatten, konnte im Einsatz schnell ein richtiger Blutspender gefunden werden.*

*Beobachtung die Feindbewegungen vom Dach eines Hauses.*

*Während des Kampfes bei Krementschug: Ein MG-Schütze kommt eben aus dem Einsatz zurück. Er trägt eine Leuchtpistole im Uniformrock.*

*Karl Ullrich ist gezeichnet von der Härte der Kämpfe während der Kursker Offensive – wie alle Männer. Hier am 13. Juli 1943 am Psell-Brückenkopf.*

*Während des großen deutschen Angriffs am 3. August 1943 am Mius. Der Divisionskommandeur, SS-Brigadeführer Hermann Prieß, links und der Kommandeur des SS-Panzergrenadierregiments 5 „Totenkopf", SS-Obersturmbannführer Otto Baum, ganz rechts, beobachten das Vorwärtskommen der Division.*

*Die „Totenkopf"-Division greift am 12. Juli 1943 über den Psell an. Die Kommandeure Ernst Häußler (II./SS-Panzergrenadierregiment 5 „Totenkopf"), Georg Bochmann (SS-Panzerregiment 3) und Karl Ullrich (III./SS-Panzergrenadierregiment 5 „Totenkopf") beobachten den Angriffsverlauf.*

SS-Rottenführer Werner Roth von der 16./SS-Panzergrenadierregiment 6 „Theodor Eicke".

SS-Obersturmbannführer Otto Baum, Kommandeur des SS-Panzergrenadierregiments „Totenkopf", wird am 22. August 1943 mit dem Eichenlaub ausgezeichnet. Im Sommer 1944 führte er an der Invasionsfront in der Normandie die 17. SS-Panzergrenadierdivision „Götz von Berlichingen" und die 2. SS-Panzerdivision „Das Reich", bis er im Oktober 1944 die 16. SS-Panzergrenadierdivision „Reichsführer SS" übernahm. SS-Oberführer Baum erhielt am 2. September 1944 die Schwerter zum Eichenlaub.

Im Panzerregiment verfügt die „Totenkopf"-Division über eine eigene Tiger-Kompanie.

*Eine 8,8-cm-Flak der Division „Totenkopf" im Feuerkampf gegen Feindziele.*

*Befehl: „Feuer!"*

*Waldemar Seibert von der 16./SS-Panzergrenadierregiment „Theodor Eicke".*

*Der Abschuß.*

## Kämpfe bei Balta und Rückzug bis nach Dubossary am Dnjestr

Nach drei Tagen kommt der Zug in Balta an. Der Feind sitzt noch 30 Kilometer von Balta entfernt in Olgopol. Aber schon herrscht in Balta ein großes Durcheinander. Alles ist kopflos. Jedoch nimmt unser Regiment die wichtigsten Stellen in Besitz. Alles, was sich so herumdrückt, wird zu einer Kampfgruppe zusammengefaßt und unserer Division unterstellt.
Ich mache für den Regimentsgefechtsstand Quartier. Wir verleben noch einige ruhige Tage; es ist wieder einmal die Ruhe vor dem Sturm. Aber nach einigen Tagen kommt der Regimentskommandeur. Nun ist es vorbei mit der schönen Zeit. Das Regiment kommt wieder zum Einsatz.
Der Regimentsgefechtsstand befindet sich in Strartijewk. Ich habe den Auftrag, mit meinem Zug und allen Krädern auch dorthin zu kommen. Aber die Straßen sind in einem so schlechten Zustand, daß es mir nicht möglich ist, mit den Maschinen durchzukommen. Es bleibt nichts übrig, als Pferde zu nehmen.
Endlich habe ich mir Pferde organisiert. Die Maschinen lasse ich mit den Fahrern beim Troß. Erst am nächsten Abend erreiche ich mit den Pferden den Regimentsgefechtsstand. Das Regiment tritt hier zum Angriff an. Es gelingt uns, Olgopol zu nehmen und eine feste HKL zu beziehen. Der Iwan startet gleich seine Gegenangriffe. Aber sie scheitern alle an unserer Abwehr.
Leider treten unvorhergesehene Schwierigkeiten ein. Da die Schlechtwetterperiode anhält, ist es unmöglich, irgendwelche Verpflegung nach vorne zu bringen. Es ist für die Trosse schwer, die kämpfende Truppe mit irgendwelchen Mitteln zu versorgen. Einige Male bekommen wir aus der Luft Verpflegung und Munition. Jeder Einheitsführer muß für seinen Haufen sorgen. Es bleibt also bei der Selbstversorgung. Ich habe mit meinem Zug fünf Tage lang nur von Eiern gelebt. Eine Zeit lang geht die Sache ja, dann aber macht es auch keinen Spaß mehr. Als die HKL einigermaßen stabil ist, kann die Verpflegung mit den Panjewagen nach vorne gebracht

werden. Die Stimmung der Truppe ist gut, denn Hunger brauchen wir ja nicht zu leiden. Der Feind bleibt auch etwas ruhiger.

Aber es dauert nur wenige Tage und links und rechts von uns tritt der Iwan zum Angriff an und es gelingt ihm, weit in unsere Flanke hinein vorzustoßen. Nun wird es aber Zeit, daß wir mit der Absetzbewegung beginnen. Noch in derselben Nacht setzen wir uns zum erstenmal ab. Der Erkunderzug macht Vorkommando.

Kaum sind die Nachhuten der Infanterie aus den Stellungen, da tritt auch schon der Feind zum Angriff an. Ich habe den Auftrag, mit meinem Erkunderzug die letzten Teile des Regiments zu sichern.

Unsere Kompanien sind noch nicht alle durch Strartijewk, da sind auch schon die ersten Feindspähtrupps sichtbar. Es dauert nicht mehr lange, dann haben die letzten Männer den Ort passiert. Nun wird es aber auch für mich Zeit, die Kurve zu kratzen. Jedoch muß ich eine volle Stunde warten und dem Feind Widerstand leisten, denn die eigenen Teile müssen einen möglichst weiten Abstand vom Feind bekommen. Ich bekämpfe die Russen noch mit allen MG, dann aber geht's mit Karacho auf den Pferden durch den Ort. Bis der Iwan zur Besinnung kommt, bin ich schon am Westrand des Ortes. Von hier aus bekämpfe ich den Feind wieder. Nun aber muß ich Fersengeld geben. Mein Auftrag ist auch erfüllt. Leider konnte ich einen Damm nicht mehr sprengen, denn die Sprengung ist nicht vorbereitet gewesen.

Kaum haben sich die Infanteristen in der neuen Stellung ihre Löcher gegraben, als auch schon der Feind wieder zum Angriff antritt. Es gelingt, die ersten Angriffe des Feindes einigermaßen abzuwehren. Durch ein Mißverständnis entsteht eine Lücke zwischen den beiden Bataillonen. Der Iwan findet diese Lücke und kann durch diese bis zum Regimentsgefechtsstand vorstoßen.

Kaum, daß ich Zeit habe, meinen Zug aufsitzen zu lassen, da kommt schon der erste Iwan um die Hausecke. Im Galopp geht es nun zum Ort hinaus. Einige Männer und Pferde werden verwundet; zum Glück ist es nicht schlimm und sie können weiterhin bei der kämpfenden Einheit bleiben. Nach einigen Minuten erreichen wir eine Mulde. Hier werden nun die Teile des Stabes und alle Versprengten gesammelt und eine Sicherungslinie bezogen. Feind greift erneut an. Allerdings können wir vorläufig noch die Stellung halten. Die Verbindung zum II./SS-Panzergrenadierregiment 6 „Theodor Eicke" ist völlig abgerissen. Nur der Kommandeur befindet sich bei uns. Ich bekomme den Auftrag, den Wald zu durchkämmen. Im Wald kann ich keinen Feind finden, aber auf der Straße nach Balta marschiert der Feind in rauhen Mengen. Er ist bereits tief im Rücken und in der Flanke des Regiments.

In der Nacht werde ich mit einer Gruppe meines Zuges und den Teilen des Stabes vom II./SS-Panzergrenadierregiment 6 „Theodor Eicke" in der Waldspitze zur Sicherung eingesetzt. Ein eigener Spähtrupp versucht durch die feindlichen Linien zu kommen. Auftrag: Die Verbindung mit den Teilen des II. Bataillons herzustellen. Allerdings kommen die Männer nicht durch den Feind. Er sitzt mit starken Kräften zur Sicherung an beiden Seiten der Rollbahn.

In derselben Nacht setzt sich das Regiment Richtung Balta ab. Zu mir wird ein Melder geschickt, aber er findet mich in meiner Waldstellung nicht. Es graut bereits der Morgen, als mir endlich ein Melder den Befehl bringt, daß ich mich nach Balta durchschlagen soll. Nun heißt es aber „auf Scheibe" sein, wenn ich noch die eigenen Teile erreichen will, denn ich habe keinen Kompaß und keine Karte.

Als einziger Wegweiser dienen mir die brennenden Kraftfahrzeuge auf der Rollbahn nach Balta. Es gelingt meine Männer gut durch die bereits vorgestoßenen Feinde zu bringen und den Anschluß an die Nachhut herzustellen. Erst in Balta finde ich meinen alten Haufen wieder. Sie haben schon nicht mehr viel auf uns gegeben.

Aber ich komme auch hier nicht zur Ruhe, denn der Iwan steht bereits am Ostrand von Balta.

Das Regiment wird südlich von Balta wieder eingesetzt. Aber es ist nur ein hinhaltender Widerstand, denn gegen die dauernden Angriffe des Feindes sind wir zu schwach. Es ist inzwischen gelungen, die Verbindung mit dem II./SS-Panzergrenadierregiment 6 „Theodor Eicke" wieder herzustellen. In der Nacht bekommen wir noch Nachersatz vom Feldersatzbataillon. Es tut auch Not, denn die Kompanien sind schon sehr schwach. Nun geht es weiter zurück.

Vorerst kommt der Gefechtsstand nach Gidereim. Jedoch nur einen Tag lang halten wir die Stellungen, dann kommt der Gefechtsstand nach Birsula. Am Ostrand der Stadt wird die Stellung bezogen. Feind greift sofort an, aber die Stellungen können gehalten werden. Immer und immer wieder versucht der Iwan die Stellungen zu überrennen. Jedoch vergebens.
In der nächsten Nacht setzen wir uns nach Jelisawtowka ab. Das SS-Panzergrenadierregiment 5 „Totenkopf" wird nun aufgelöst und die Division ist nunmehr nur noch eine Kampfgruppe.
In derselben Nacht gehen Teile der Division bis zum Dnjestr zurück. Die Stellungen werden von Teilen einer Heeres-Division übernommen. In den Abendstunden regnet es, in der Nacht setzt starker Frost ein. Die Männer auf den Pferden frieren völlig durch. Wie ein Bild aus der Zeit Napoleons walzt sich die endlose Kolonne nach Westen. Mit Mann, Roß und Wagen könnte man sagen. Endlos erscheint mir der Weg. Zu allem Pech habe ich mit meinem Zug den Anschluß an das Regiment verloren. Wir können nicht mehr reiten. Alles sitzt ab und führt die Pferde an den Zügeln. Müde schleichen wir dahin, ganz steif sind die Glieder.
Endlich kommt Dubossary in Sicht. Nun, nachdem wir das Ziel vor Augen haben, können wir wieder besser marschieren. Aber auch hier sollten wir keine Ruhe bekommen. Erst einmal verkaufen wir alle Pferde, denn wir müssen wieder etwas Vernünftiges zu essen haben. Jedoch treffe ich hier nur noch die Instandsetzungsstaffel des Regiments an.

*Soldaten fahren im VW-Kübelwagen im Gefecht.*
*Vorne haben sie ein Fliegersichttuch auf dem Reserverad angebracht, damit sie die eigenen Flugzeuge von den Sowjets unterscheiden können.*

*Zur Lage in Bessarabien, April 1944*

*Als Nachhut kämpfend, entging die 3. SS-Panzerdivision „Totenkopf" nur knapp der Einschließung durch die Sowjets. Am 30. März 1944 überquerte sie den Dnjestr, um den Rückzug der 8. Armee über die Dnjestr-Brücke in Dubossary zu decken. Nach Bereinigung mehrere Feindangriffe überschritten die letzten Teile der abgekämpften „Totenkopf"-Division am 3. April 1944 die Dnjestr-Brücke nach Westen.*
*Bei Schnee- und Eissturm marschierte die Division auf Kishinew (Bessarabien, Kischinau im heutigen Staat Moldau).*
*Der sowjetische Großangriff begann am 8. April 1944 und traf die 4. rumänische Armee. Am 26. April 1944 sollte die „Totenkopf"-Division die Lage westlich des Sereth klären und konnte – hart kämpfend – Pascani erreichen, wo sie erst durch einen stark verminten Panzergraben mit starker Pakabwehr und einen aus Osten vorgetragenen Flankenangriff gestoppt wurde. Aufgrund hohen Feinddrucks gegen die Panzergrenadierdivision „Großdeutschland" wurde die Division „Totenkopf" daraufhin in den Raum von Targul Frumos verlegt. Am 2. Mai 1944 trat der Feind mit etwa 300 Panzern an, von denen bis 18.15 Uhr 167 abgeschossen wurden. Im Angriff stellte die „Totenkopf"-Division südostwärts Radiu die Verbindung zum linken Flügel der Panzergrenadierdivision „Großdeutschland" und der 1. rumänischen Gardedivision her. Am 6. Mai 1944 waren die sowjetischen Angriffe in diesem Raum gescheitert.*

# In Rumänien

Ich versuche nun mein Glück auf einem Wagen der I-Staffel, aber das währt nicht lange. Kaum haben wir die Dnjestr-Brücke passiert, da fällt der Wagen mit Getriebeschaden aus. Nun muß ich mit meinen Männern zu Fuß meinen Marsch fortsetzen. Ziel ist Kishinew. Aber bis dorthin sind es noch an die hundert Kilometer! Nun setzt

wieder starker Schneesturm ein. Ich gebe nun an die Männer den Auftrag, sich mit „Anhalter-Bahnhof" nach Kishinew durchzuschlagen.
Am nächsten Tag läßt der Schneesturm nach und es beginnt das Tauwetter. Es ist nicht gerade angenehm, jetzt auf der Straße zu „walzen". Zu Essen haben wir auch nichts, von der Bevölkerung ist nichts zu erben. Alle Orte sind mit Truppen und Flüchtlingen überfüllt, denn die Front wird hinter den Dnjestr zurückgenommen. Endlich, nach fünf Tagen, erreiche ich Teile unseres Trosses. Hier ist zum Glück eine Maschine fertig und ich kann nach vorne fahren. Aber so schnell geht das auch nicht. Denn die Straßen sind überfüllt. Nach weiteren zwei Tagen erreiche ich Kishinew. Der Kommandeur ist bereits eingetroffen. Aber viele Teile des Regiments fehlen noch. Mit aller Kraft wird an der Wiederaufstellung des Regiments „Theodor Eicke" gearbeitet. Das SS-Panzergrenadierregiment 5 „Totenkopf" wird wieder aufgestellt.
Die Ostertage können wir noch in Kishinew verbringen. Es gibt Kabarett und Kino. Für uns ist das wieder eine Abwechslung von dem grauen Alltag.
Das Regiment wird nun in den Raum von Roman verlegt. Vorläufig bleibt die Division noch Armeereserve. Der Regimentsgefechtsstand verlegt nach Moncelu de Suss.
Ende April 1944 tritt das Regiment zu einer gewaltsamen Aufklärung durch die Carol-Linie an. Schon in den Nachmittagsstunden scheitert der Angriff an der Widerstandskraft des Feindes. Auch haben uns die Kameraden vom rumänischen Heer nicht die nötige Unterstützung gegeben. Jedoch in der Nacht werden wir wieder abgelöst und kommen in den alten Unterkunftsraum zurück. Die Division bekommt nun ziemlich viel Nachersatz von der Division „Reichsführer SS".
Am 1. Mai 1944 werde ich zum Feldersatzbataillon versetzt und soll dort einen Halbzug übernehmen. Das FEB liegt im Raum von Vartecui, in der Nähe von Barlad. Der Kommandeur meint, ich könnte mich nach all den Kämpfen ein wenig erholen. Aber leider ist das nicht der Fall, denn ich kann mich bloß mit Rekruten abärgern. Es geht eben nichts über die alte Kompanie! Vorerst haben wir Unter-

führer noch einige Tage Ruhe. Erst nach acht Tagen kommen die Rekruten aus Warschau an. Gleich am nächsten Tag beginnt die Ausbildung. Die Männer sollten von unserer Fronterfahrung lernen. Jedoch wird der ganze Laden im Kasernenstil aufgezogen. Oft habe ich mich über diesen Blödsinn geärgert.
Im Juli werde ich wieder zu meiner alten Kompanie versetzt, denn unsere Zeit ist rum. Alle Unterführer sind heilfroh, daß sie wieder zu den alten Kompanien kommen, denn wir sind ja Soldat geworden, um an der Front zu kämpfen.

### *Zur Lage im Raum Grodno, Juli 1944*

*Nach dem beeindruckenden Abwehrerfolg in Rumänien bis zum 6. Mai 1944, wurde die SS-Panzerdivision „Totenkopf" im Raum Targul Frumos im Mai und Juni 1944 wieder aufgefrischt. Durch Ersatz von der 16. SS-Panzergrenadierdivision „Reichsführer SS" kam die 3. SS-Panzerdivision „Totenkopf" auf eine Stärke von etwa 12.000 Mann.*

*Der mit den Schwertern zum Eichenlaub des Ritterkreuzes ausgezeichnete altbewährte Divisionskommandeur SS-Brigadeführer Prieß verließ die Division, um ein neues Korps zu übernehmen. Ab 20. Juni 1944 führte Zährls Regimentskommandeur Eichenlaubträger SS-Standartenführer Karl Ullrich vorübergehend die Division „Totenkopf", in dieser Zeit vertrat SS-Sturmbannführer Max Kühn ihn in der Führung des SS-Panzergrenadierregiments „Theodor Eicke".*

*Am 22. Juni 1944 begann die sowjetische Sommeroffensive im Mittelabschnitt der Ostfront. 166 Infanteriedivisionen und 40 Panzerbrigaden stürmten gegen 38 deutsche Divisionen an. Die von Ostrow bis zu Südwestecke der Pripjetsümpfe reichende 300 Kilometer lange deutsche Front wurde aufgerissen.*

*Generalfeldmarschall Model übernahm die Heeresgruppe Nordukraine und forderte die „Totenkopf"-Division an, die am 25. Juni 1944 im Bahntransport weit nach Norden verlegt wurde, da Model am Njemen eine neue Front aufbauen wollte.*

*Am 7. Juli 1944 entluden die letzten Teile der Division im Raum Grodno (Weißrußland, am Fluß Njemen, auf Deutsch Memel). Die Lage war kritisch, denn die Sowjets versuchten bereits in Grodno auf das Westufer des Njemen überzusetzen. Die Division „Totenkopf" stand mit Front nach Norden zum von Osten angreifenden Feind. In dieser äußerst schwierigen Lage griff „Totenkopf" ohne Befehl von Süden nach Norden an, warf den Gegner in Grodno über den Njemen zurück und stieß dem nach Westen vordringenden Gegner in die Flanke. Starke sowjetische Panzer- und Kavallerieverbände drehten daraufhin zurück und wurden vernichtet. Danach hielt die „Totenkopf"-Division elf Tage lang Grodno gegen eine Übermacht von 1:7 an Menschen und 1:10 an Panzern gegen alle sowjetischen Gegenangriffe.*

## Kämpfe im Raum von Grodno und Siedlce

Ich habe einen Marschbefehl nach Jassy. Aber die Division ist inzwischen in den Raum von Grodno verlegt worden. Über Buzau – Budapest fahre ich nach Wien. Dort bleiben wir Unterführer noch einige Tage, jedoch ist dort nicht viel los. Dann geht es weiter über Dresden, Warschau, Siedlce und Brest-Litowsk. Keiner weiß, wo wir hin sollen. Die Stadt ist schon geräumt, nur die Teile eines Stabes liegen noch in der Stadt. In der Nacht kommt der Iwan und belegt die Stadt mit seinen schweren Bomben. Besonders das Gelände um den Bahnhof trifft es schwer. Die Sache ist mir doch etwas unangenehm, denn ich bin nun schon zwei Monate nicht mehr an der Front gewesen.

Am anderen Tag fahre ich mit dem letzten Zug nach Grodno. Jedoch bis dorthin kommt er nicht mehr, denn der Feind hat bereits den Bahnhof und einen Teil der Stadt in seiner Hand. Zum Glück treffe ich gleich meine Kompanie wieder. Abends gehe ich zum Troß. Noch in der Nacht will ich nach vorne zu meinem Zug. Zwei

Bataillone des Regiments sind bereits im Einsatz bei Grodno. Zum Glück sind einige Schwimmwagen beim Troß und ich kann gleich mitfahren. Aber bei meinem Zug sehe ich lauter neue Gesichter. Es sind alles die Männer vom Nachersatz, jedoch komme ich mit ihnen schon bald gut aus. Am anderen Morgen steigt der Angriff auf Adamowici. Unser Erkunderzug hat einige Ausfälle, SS-Unterscharführer Joswiakowski ist auch gefallen. Nun übernehme ich wieder den Zug. Schon am anderen Tag machen wir Stellungswechsel nach Südosten. Gefechtsstand in Skriniki. Aber hier kommen wir in die richtige Hölle rein. Der Feind hat bereits einige kleine Brückenköpfe über die Memel gewonnen. Das Regiment hat den Auftrag, diese abzuriegeln und nach Möglichkeit einzudrücken. Aber dazu sind wir viel zu schwach. Immer wieder greift der Feind an, während es bei uns immer weniger Männer werden, denn an Nachersatz ist vorerst nicht zu denken. Außerdem sind noch nicht alle Teile beim Regiment eingetroffen. Das ganze I. Bataillon fehlt noch.

Ich bin mit meinem Zug Tag und Nacht unterwegs. Immer neue Aufträge bekomme ich. Wenn es auch manchmal schwer ist, aber ich tue es gerne, denn mit den neuen Schwimmwagen macht es schon Spaß. Drei Nächte lang fahre ich Aufklärung, zehn Kilometer hinter der feindlichen Front. Erst am dritten Tag gelingt es dem Feind beinahe mich zu vernichten. Aber er hat nicht mit dem Mut meiner Männer gerechnet. Wertvolle Aufklärungsergebnisse kann ich dem Kommandeur bringen. Ich fahre noch einige Angriffe mit meinem ganzen Zug. Jeden Tag erziele ich neue Erfolge.

Mit den Männern des Zuges habe ich mich schon gut eingelebt, sie gehen für mich durchs Feuer. Es macht Spaß, mit ihnen anzugreifen, wenn es auch manchmal hart hergeht, so kann ich doch über den Willen meiner Männer nicht klagen. Der Feind kann seine Brückenköpfe nicht erweitern, allerdings kommt nun wieder der Absetzbefehl. Wir setzen uns weiter nach Südwesten ab. Der Feind greift mit starken Kräften die Sicherungslinie an. Bei einem Polizeiregiment überrennt er die Stellungen auf breiter Front. Ich werde mit meinem Zug zur Abschirmung eingesetzt. Es gelingt, die Masse des Regiments wieder aufzufangen und eine Sicherungslinie zu beziehen. Die Stellungen werden bis in die Nacht hinein gehalten, damit sich die Troßteile zurückziehen können. Auch das Regiment setzt sich in dieser Nacht noch ab. Der Feind ist - wie immer - hinter uns her. Aber diesmal gelingt es uns, die Stellung zu halten.

### *Zur Lage im Raum Siedlce, Juli 1944*

*Ununterbrochen kämpfte die Division „Totenkopf" in diesen schweren Kämpfen gegen die mit großer materialmäßiger Überlegenheit angreifenden Sowjets. Am 25. Juli 1944 wurde die Division in dem Raum von Siedlce, 80 Kilometer ostwärts Warschau, verlegt. Unter ungeheurem Feinddruck zog sich die „Totenkopf"-Division, immer wieder Gegenangriffe gegen den scharf nachstoßenden Gegner führend, am 28. Juli 1944 weiter nach Westen, Richtung Warschau, zurück.*

*Durch ihren Einsatz war es Generalfeldmarschall Model möglich, die Verteidigung der Weichsel durch die 9. Armee zu organisieren.*

Unsere Division wird hier abgelöst und in dem Raum von Siedlce eingesetzt. Siedlce wird einige Tage später geräumt.
Ich bin mit meinem Zug wieder jeden Tag an der Reihe. Ich habe die ganze Aufklärung für das Regiment zu fahren und bin außerdem mit meinem Zug Regimentsreserve.
Höhe 166.3 und der Kosakenüberfall – dies wird den Männern meines Zuges immer in Erinnerung bleiben. Bei einem Spähtruppunternehmen werde ich in einem Wald von Kosaken überfallen. Es gelingt mir, im zusammengefaßten Feuer meiner wenigen Männer die Kosaken zu vernichten. Ohne eine Schießerei vergeht kein Spähtrupp.
Am 27. Juli 1944 bekomme ich das EK 1. Das muß richtig gefeiert werden. Schnaps und die anderen Sachen sind in jeder Menge vorhanden. Der Soldat muß nicht nur kämpfen, sondern er muß auch einmal einen „richtigen vertragen" können. Wie ich das zu meinen Männern sage, sind sie natürlich damit einverstanden. Am nächsten Morgen ist der Zug kaum zu wecken. Aber es hilft nichts, denn

die Pflicht ruft, da kenne ich nichts; ich kann das und verlange es auch von meinen Männern. Das wissen meine Leute und ich kann mich auf sie verlassen.

28. Juli 1944, Stellungswechsel nach Travy. Hier gibt es noch einen Tag Kämpfe mit den vorstoßenden Feindteilen, dann kommt das Regiment in den Raum von Radzymin.

*Zur Lage im Brückenkopf Warschau, August 1944*

*Die 3. SS-Panzerdivision „Totenkopf" lag Anfang August 1944 im Raum Stanislawow und wehrte dort starke sowjetische Panzerangriffe ab. Am 10. August 1944 wurde die Division „Totenkopf" gemeinsam mit der 5. SS-Panzerdivision „Wiking" dem neu gebildeten IV. SS-Panzerkorps unter Führung von SS-Gruppenführer und Generalleutnant der Waffen-SS Herbert Gille unterstellt.*

*Der sowjetische Großangriff gegen die Front des IV. SS-Panzerkorps begann am 18. August 1944 mit bis dahin nie gekannter Wucht. Nach unglaublichem Artillerietrommelfeuer und rollendem Schlachtfliegereinsatz griffen die Sowjets mit Panzern und Infanteriekräften in Massen an. In diesem Großangriff zeichnet sich Hugo Zährl am Bahndamm in Dobczyn besonders aus.*

# Brückenkopf Warschau

Regimentsgefechtsstand in Dobczyn. Vorerst bleibt der Feind sehr ruhig. Die Bataillone bauen die Stellungen aus. Einige Tage später werden die ersten Teile des Feindes gesichtet. Langsam und sicher fühlt der Feind vor und bezieht im Wald gegenüber unserer HKL seine Stellungen. Für mich und meinen Zug gibt es weiter keine Arbeit. Mehrere Ortschaften werden evakuiert. Das ist die einzige Aufgabe für meinen Zug. Immer wieder werden die eigenen Stellungen verbessert, denn es sollten die Stellungen des Brückenkopfes von Warschau werden. Aber der Iwan hat uns dann eines anderen belehrt.

Anfang August 1944 greift der Feind beim III./SS-Panzergrenadierregiment 6 „Theodor Eicke" an und es gelingt ihm, die Stellungen der 10. Kompanie zu überrennen. In der Nacht werde ich mit dem Erkunderzug zum Gegenstoß angesetzt. Zwei Flak und drei Sturmgeschütze stehen mir zur Verfügung. Eine Gruppe setze ich links vom Ort und eine Gruppe rechts vom Ort zum Angriff an. Mit der anderen Gruppe stoße ich in der Mitte des Ortes vor. Am Ostausgang versteift sich der Feindwiderstand. Besonders die linke Gruppe kommt kaum vorwärts. Nun setze ich die Flak und die Sturmgeschütze ein. Die Männer nehme ich alle zusammen und mit „Hurra" geht es an den Iwan ran.

Verbissen wehrt er sich, doch meine Männer greifen immer wieder an. Immer weiter muß der Feind zurückweichen. Kurz vor der eigenen HKL setze ich noch einmal mit „Hurra" an. Nun gibt es für meine Männer kein Halten mehr, der Iwan ergreift die Flucht. Es ist mir endlich gelungen, die alten Stellungen wieder zu besetzen. Von der 10. Kompanie finde ich niemanden mehr. Ich stelle noch den Anschluß zum linkem und rechten Nachbarn her.

Eine Gruppe bleibt zur Sicherung in der HKL, die anderen zwei Gruppen löse ich aus den Stellungen und fahre zum Regimentsgefechtsstand zurück. Der ganze Stoßtrupp dauerte nur eine halbe Stunde, denn Schnelligkeit ist bei solchen Unternehmen alles. In der kommenden Nacht wird dann die in der Stellung verbliebene 10. Kompanie abgelöst.

Für meine Männer kommen nun einige ruhige Tage. Es ist nicht viel los. Der Feind greift vorläufig nicht mehr an. Ich will meinen Männern die wenige Ruhe gönnen, denn der Feind tritt bestimmt bald zum Angriff an. Die Meute braucht also nur beim Kommandeur SS-Standartenführer Karl Ullrich einige Stunden auf Wache stehen. Am 16. und 17. August 1944 werden die letzten Zivilisten evakuiert.

Es ist etwas in der Luft. Ich habe ein so komisches Gefühl in mir. Beim Feind ist eine eifrige Spähtrupptätigkeit zu merken. Auch verstärkt er seinen Drahtverhau und verlegt jede Nacht Minen. Durch

Luftaufklärung werden stärkere Truppenbewegungen festgestellt. Das SS-Panzergrenadierregiment 6 „Theodor Eicke" wird in Alarmstufe I gelegt. In der Nacht des 17. August feiern wir einige EK 1 und Beförderungen. Es wird wie gewöhnlich sehr spät, bis die Feier ihr Ende findet.
Es graut der Morgen, ehe ich nach Hause komme. Kaum habe ich einige Minuten geschlafen, da geht auch der Zauber schon los.

## Abwehrkampf am Bahndamm in Dobczyn, 18. August 1944

Wie immer beginnt der Feind mit einem sehr starken Trommelfeuer. Volle zwei Stunden lang trommelt er mit allen Kalibern auf unsere Stellungen.
Kaum hat das Trommelfeuer begonnen, werde ich zum Kommandeur gerufen und der Zug wird sofort in Alarmbereitschaft versetzt. Ich werde das Gefühl nicht los, daß ich heute noch Schweres erleben soll. Der Kommandeur, SS-Standartenführer Karl Ullrich, setzt mir die Lage einigermaßen auseinander. Nun weiß ich, daß heute ein harter Tag wird.
Kaum läßt das Trommelfeuer nach, da greifen schon die Massen der feindlichen Infanterie an. Es dauert nicht lange, dann hat der Iwan schon einen Einbruch beim II./SS-Panzergrenadierregiment 6 „Theodor Eicke" erzielt. Nun heißt es: „Erkunderzug ran!"
In den Morgenstunden werde ich mit meinem Zug zur Sicherung an der Bahnlinie Warschau - Radzymin eingesetzt. Dem Feind gelingt es auch beim I./SS-Panzergrenadierregiment 6 „Theodor Eicke" einen großen Einbruch zu erzielen. Meine Aufgabe ist, die Lücke, welche zwischen den beiden Bataillonen entstanden ist, abzuriegeln und alle Angriffe des Feindes abzuwehren.
Der Feind greift nun erst einmal frontal bei meinem Zug an. Der erste Angriff wird erfolgreich abgewehrt. Allerdings gibt sich der Feind damit nicht zufrieden, immer wieder rennt er gegen meine Stellungen an. Am linken Flügel meines Zuges kann er bei einer

Gruppe am Bahndamm Fuß fassen. Als dann noch beide Maschinengewehre ausfallen, kann der Feind auch auf der Brücke in die Stellungen einbrechen.

Ganz klar erkenne ich nun die Lage und trete mit den restlichen Männern sofort zum Gegenstoß an. Ich kann nun im Nahkampf den Iwan wieder aus meiner Stellung werfen. Die Brücke ist wieder fest in meiner Hand.

Jedoch gibt sich der Feind nicht zufrieden, noch dreimal greift er frontal an. Vorher überschüttet er meine Stellung immer wieder mit Granatwerferfeuer. Nur unter Anspannung aller Kräfte und unter hoher Tapferkeit der einzelnen Männer kann ich diese Angriffe abwehren.

Als dann der Feind zum zehntenmal angreift, wird die Sache brenzlig. Die 2-cm-Flak versagt im entscheidenden Augenblick und es fallen noch weitere drei Maschinengewehre aus. Die Männer werden dadurch durcheinander gebracht, denn der Feind rückt immer näher. Der Zug hat nun auch schon einige Ausfälle an Toten und Verwundeten. Dies alles wirkt auf die Kampfkraft der Männer. Wenn einer auch noch so tapfer ist, aber sein Leben liebt er über alles.

Auch während des Angriffes schießt der Feind dauernd mit seinen schweren Infanteriewaffen. Dies alles führt dazu, daß die Männer irgendwie von der Rolle gebracht werden. Nun sitzt der Feind schon wieder auf dem Bahndamm.

Jedoch noch immer bleibe ich Herr der Lage, denn ich bin mir im Klaren darüber, daß, wenn ich jetzt versage und die Nerven verliere, alles drunter und drüber geht. Dann sind meine Männer verloren und auch der Feind kann dann ungehindert bis zum Gefechtsstand marschieren. Ich bin mir vollkommen der Lage bewußt und habe bloß den einen Wunsch, den Feind wieder aus meiner Stellung zu werfen.

Kurz entschlossen nehme ich alle Männer zusammen und trete zum Gegenstoß an. Ich habe nur noch zwei MG.

Mit „Hurra" werfe ich mich dem Feind entgegen. Hart, zäh und verbissen ist der Kampf. Es dauert nur eine Viertelstunde, dann ist die Sache zu meinen Gunsten entschieden. Was ich nicht glauben mochte, tritt ein. Der Feind muß weichen. Er hat nun eingesehen, daß er so nicht in unsere Stellung kommt. In guter Zusammenarbeit mit der Flak gelingt es mir, auch die weiteren Angriffe des Feindes abzuschmieren. Damit kann ich dem Feind den Zugriff auf den Regimentsgefechtsstand und nach Radzymin verwehren. Leider hat mein Zug dabei viele Ausfälle; jedoch in Anbetracht des Erfolges ist das nicht wichtig und nur gering. Denn hier geht es um mehr, als unser Leben.

In der Nacht werde ich dann von der Divisionssicherungskompanie abgelöst. Auf meiner aufgebauten und gehaltenen Stellung kann nun die Division mit den neuen Männern die HKL wieder besetzen. Diese Stellungen können hier noch sehr lange gehalten werden.

Für diesen Erfolg werde ich zum Ritterkreuz eingereicht und fast alle Männer meines Zuges bekommen das EK 2 und zwei Mann das EK 1. (26)

### Im Ehrenblatt des Deutschen Heeres

*Für den von ihm beschriebenen Einsatz am 18. August 1944 während des sowjetischen Großangriffs auf Warschau hatte sich SS-Unterscharführer Hugo Zährl am Bahndamm von Dobczyn so ausgezeichnet, daß er am 26. September 1944 zur Nennung im Ehrenblatt des Deutschen Heeres vorgeschlagen wurde.*

*Sein Regimentskommandeur SS-Standartenführer Karl Ullrich beschrieb den Einsatz von Hugo Zährl im Vorschlag zur Nennung im Ehrenblatt genau:*

| Lfd. Nr. | Zuname | Vorname (Rufname) | Geburts- Ort / Tag | Dienstgrad und Dienststellung | Truppen- teil |
|---|---|---|---|---|---|
| | ZÄHRL | Hugo | Haberspirk 1.4.24 Kr. Falkenau Sudetengau | ⁋-Uscha. Zugführer | Stabskp./ ⁋-Pz.Gren. Rgt. 6 |

a) Seit wann in letzter Dienststellung :     18. 7.44

b) Dienstverhältnis des Vorgeschlagenen :     aktiv

c) Beruf des Vorgeschlagenen :     --

d) Friedenstruppenteil des Vorgeschlagenen :     --

e) Diensteintritt :     9. 6.41

f) Zuständiges Wehrbezirkskommando :     --

g) Rangdienstalter :     --

h) Im gegenwärtigen Kriege verliehene Auszeichnungen :

     E.K.2     am   9. 3.42
     Infanteriesturm- abzeichen Bronze     "   20. 5.42
     Verwundetenabzei- chen Schwarz     "   17. 7.42
     Ostmedaille     "   1. 9.42
     Nahkampfspange Bronze     "   8.11.43
     E.K.1     "   27. 7.44

i) Privatanschrift des Vorgeschlagenen : (Vater)

     Franz Zährl
     H a b e r s p i r k    Nr.341
     Kreis Falkenau/Sudetengau

k) Beruf des Vaters :     Bergarbeiter

**Kurze Begründung und Stellungnahme der Zwischenvorgesetzten**

In den Morgenstunden des 18.8.44 gelang es dem Feind, nach schwerster Feuervorbereitung in die Stellungen des III.Btl. in der Brückenkopfstellung W a r s c h a u zwischen T u l und G r a b i e Str. einzubrechen. Die schwachen Teile des Btl. wurden dabei grösstenteils zersprengt, sodass der Feind mit stärkeren Infanteriekräften (250 Mann) und mehreren Panzern weiter nach Nordwesten vordringen konnte. Da gleichzeitig beim linken Nachbarn (I.Btl.) ein starker Einbruch des Feindes erfolgte, bestand die Gefahr, dass der vom Feind beabsichtigte Durchbruch auf R a d z y m i n und damit auf die Hauptrollbahn R a d z y m i n , W a r s c h a u zum Erfolg kam.
In dieser schwierigen Lage wurde der Kradschützenzug des Regiments unter Führung des ╫-Uscha. Z ä h r l mit einer Stärke von -/3/24 zusammen mit 2 unterstellten SFL. 2 cm Flak zur Verhinderung des Durchbruches an der Bahnlinie W o l o m i n , T l u s z c z eingesetzt, mit dem Auftrag, ein Überschreiten der Bahnlinie aus K r z y w i c a heraus und ein Eindringen des Feindes in die Waldstücke westlich Letn. O s t r o w e k zu vereiteln.
Der hervorragenden Tapferkeit und der umsichtigen Führung des ╫-Uscha. Z ä h r l war es zu verdanken, dass die im Laufe des Tages geführten starken Angriffe des Feindes aus dem Nordwestteil K r z y w i c a heraus auf die Bahnlinie sämtlich abgeschlagen und dem Feind dabei schwerste blutige Verluste zugefügt wurden.
Ausserdem verhinderte ╫-Uscha. Z ä h r l durch wendige Führung der beiden SFL. 2 cm Flak und geschickten Einsatz seiner M.G., dass der Russe mit stärkeren Teilen nach Nordwesten in den Wald eindringen konnte. Dadurch blieb es dem Feind versagt, die zwischen dem I. und III.Btl. entstandene Lücke zu einem entscheidenden Durchbruch zu erweitern.
Nach schwerster Artilleriefeuervorbereitung und starker Schlachtfliegerunterstützung griff der Feind gegen 19,00 Uhr erneut die schwachen Sicherungen der Kradschützen am Bahndamm an und konnte diesmal auch diese eigenen Teile nach Westen zurückdrücken.
Unter der schneidigen Führung des ╫-Uscha. Z ä h r l setzten sie sich jedoch nach wenigen hundert Metern am Ostrand P a s e k Str. erneut fest und verhinderten dadurch wiederum den Durchbruch des Feindes nach Westen.
Inzwischen war es gelungen, die zersprengten Teile des I. und III.Btl. zu ordnen und zusammen mit neuherangeführten Kräften eine neue Verteidigungslinie im Verlauf der von den Kradschützen gehaltenen Stellungen aufzubauen.

╫-Standartenführer
u. Rgt.-Kdr.

3.SS-Pz.Division "Totenkopf"
-Kommandeur-

Div.Gef.Std., den 1.10.1944.

Der bewährte Unterführer ist auf Grund seiner hervorragenden Tapferkeit und wegen der entscheidenden Bedeutung seines Einsatzes am 18.8.1944 der hohen Auszeichnung würdig.
Der Vorschlag wird befürwortet.

Der Divisionskommandeur:

(Becker)
SS - Oberführer.

Stellungnahme des Kommandierenden Generals IV.SS-Panzerkorps:

SS-Uscha. Z ä h r l hat sich in den Kämpfen ostwärts Warschau durch ganz besondere Standhaftigkeit ausgezeichnet.
Der Vorschlag wird wärmstens befürwortet.
Korps-Gef.Std., den 1.11.1944.

SS-Gruppenführer und
Generalleutnant der Waffen-SS

*Hugo Zährl als 20-jähriger SS-Unterscharführer und Träger der Ehrenblattspange des Heeres. Hier ein Bild, das nach einem harten Kampftag aufgenommen wurde, wo Zährl der Hoheitsadler von der Schirmmütze gerissen worden war.*

## Kämpfe ostwärts Warschau

Vorerst werde ich mit meinem Zug zum Gefechtsstand befohlen. Unser Regiment liegt in St. Kraszew.
Wie erschlagen schlafe ich die erste Nacht, aber ich soll mich nicht lange an der Ruhe freuen können.
19. August 1944: Schon am anderen Morgen muß ich mit meinem Haufen alles zum Einsatz fertigmachen. Technischer Dienst, Munition gurten usw..
Der Zug hat nur eine Stärke von 15 Mann. Schon gegen Mittag muß ich wieder zum Kommandeur. Ich bekomme den Auftrag, einen Stoßtrupp auf die Höhe 18 zu führen und die eigene HKL wieder in Besitz zu bringen.
Mit Teilen der Divisionssicherungskompanie trete ich zum Angriff an. Zur Unterstützung bekomme ich noch vier Sturmgeschütze. Ich werfe den Feind aus seiner Stellung und versuche auf die Höhe 18 vorzustoßen. Jedoch der Feind erkennt, um was es geht. Er funkt an unsere eigenen Sturmgeschütze: „Panzer absetzen und beim Abteilungsgefechtsstand sammeln!" (27)
Nun bin ich der größten Unterstützung beraubt. Der Iwan trommelt nun auf meine Männer und tritt selbst zum Gegenstoß an. Ich bin kurz vor meinem Ziel, aber die beiden Nachbarn kommen nicht mehr mit und setzen sich ab. Mir bleibt nun keine andere Wahl, als mich auch in die Ausgangsstellung zurückzuziehen. Leider habe ich bei diesem Unternehmen einige Ausfälle. Es ist das erste- und das letztemal, daß ich einen Auftrag nicht ausführen kann. Jedoch liegt es nicht an mir.
Der Erkunderzug kommt wieder zum Regiment zurück. Jedoch soll ich auch jetzt noch keine Ruhe bekommen.
Schon am nächsten Morgen werde ich beim I./SS-Panzergrenadierregiment 6 „Theodor Eicke" eingesetzt. Nachdem mein Auftrag bei Klembow erledigt ist, werde ich bei der Zwischenvermittlung in Bereitschaft gelegt. Ich liege nun an der Naht der beiden Bataillone. Mein Auftrag liegt darin, eventuelle Feindeinbrüche zu bereinigen. Ich habe nur zehn Männer und ein MG. Manchmal ist die Sache nicht angenehm, denn oft muß ich am Tag dreimal einen Feindein-

bruch bereinigen. Jedoch ich freue mich immer wieder, wenn ich dem Kommandeur melden kann, daß ich meinen Auftrag ausgeführt habe. Nach einigen Tagen wird das Regiment von Teilen des SS-Panzergrenadierregiments 5 „Totenkopf" abgelöst.

### Zur Lage der Abwehrschlacht bei Radzymin, ostwärts Warschau, August 1944

*Am 30. August 1944 war die erste Abwehrschlacht um Warschau siegreich für die 3. SS-Panzerdivision „Totenkopf" geschlagen. Am 26. August 1944 kämpften und behaupteten sich die Männer der „Totenkopf"-Division gegen acht sowjetische Schützendivisionen und eine Schützenbrigade.*
*Im Zeitraum vom 28. Juli bis 26. August 1944 schoß die „Totenkopf"-Division in harten Kämpfen und unter dem Einsatz aller Waffen und aller vorhandenen Männer insgesamt 140 Panzer, 20 Sturmgeschütze, 109 Pak, 105 unterschiedliche Geschütze ab und konnte dadurch dem Gegner den erhofften Durchbruch auf Warschau verwehren.*
*Am 31. August 1944 begann die zweite Abwehrschlacht um Warschau. Wiederum zeigte sich die 3. SS-Panzerdivision „Totenkopf" allen Angriffen des Gegners gewachsen, hielt die eigene Hauptkampflinie und bereinigte örtliche Einbrüche in sofortigen Gegenangriffen.*
*Am 2. September 1944 meldete der Wehrmachtbericht: „Bei den Abwehrkämpfen nordostwärts Warschau zeichnete sich das IV. SS-Panzerkorps unter Führung des SS-Gruppenführers Gille mit den SS-Panzerdivisionen „Totenkopf" und „Wiking" und den unterstellten Heeresverbänden durch unerschütterliche Standfestigkeit und schneidig geführte Gegenstöße besonders aus. Das Korps hielt dem Ansturm von Teilen von drei sowjetischen Armeen und einem Panzer-Korps stand."*

## Abwehrkämpfe bei Radzymin

Der Gefechtsstand kommt nach Radzymin. Vorerst liegt das Regiment in Reserve, die Kompanien werden so einigermaßen zusammengeflickt.
Ich werde mit als Ordonnanzoffizier eingesetzt. Bei der 5. SS-Panzerdivision „Wiking" erzielt der Feind einen größeren Einbruch. Aber die Sache wird schon wieder in Ordnung gebracht.
Die Stadt Radzymin wird evakuiert. Die Teile des SS-Panzergrenadierregiments 5 „Totenkopf" kämpfen im Raum von Wolomin. Unser Regimentsgefechtsstand kommt nach Nieporet. Hier wird eine ehemalige Bunkerlinie der Festung Warschau bezogen. Leider können wir die Hauptkampflinie nur mit Troßteilen besetzen. Nun werden auch die Teile des SS-Panzergrenadierregiments 5 „Totenkopf" aus den Stellungen von Wolomin abgelöst, denn die HKL wird auf diese Bunkerlinie zurückgenommen. Linker Nachbar der Division ist eine Heeres-Einheit und rechter Nachbar eine ungarische Division, deren rechte Grenze die Vorstadt Praga ist. Jedoch diese „Kameraden" haben uns dann sehr schnöde im Stich gelassen.
Kaum haben wir unsere Stellungen bezogen, beginnt der Feind schon mit seinen Angriffen. Nur unter den schwersten Bedingungen werden diese Angriffe abgewehrt, denn die eigenen Gräben sind nur zum Teil besetzt und es fehlt noch immer an schweren Waffen. Erst nach einigen Tagen treffen Nebelwerfer und Artillerie ein.
Unser Erkunderzug liegt noch immer beim Regimentsgefechtsstand.
Am 8. September 1944 startet der Feind eine neue Offensive gegen die Stellungen des Brückenkopfes Warschau. Nach schwerem Trommelfeuer gelingt es ihm, in unser Stellungssystem einzudringen. Die Teile des Regiments müssen sich einige hundert Meter absetzen, treten jedoch immer wieder zum Gegenstoß an. So kommt der Feind nie dazu, sich eine neue feste Stellung zu bauen. Nicht einmal ein Loch kann er sich graben. Am anderen Tag kann er wieder voll in seine Ausgangsstellung zurückgeworfen werden. Hier bewährt sich der Einzelkämpfer. Immer wieder werfen sich

die Grenadiere dem Feind entgegen. Doch in den Abendstunden greift der Feind schon wieder an. Die Höhe 104 und die „Bananenhöhe" sind bereits in seiner Hand. Tagelang versuchen die verschiedenen Kompanien diese wichtigen Höhen wieder in die eigene Hand zu bekommen. Jedoch es gelingt nicht, denn der Feind sitzt bereits mit starken Kräften auf diesen Höhen.
Doch diese beiden Punkte müssen unter allen Umständen wieder genommen werden. SS-Oberscharführer Lang hat hier mit seinen wenigen Männern das Beste gegeben. Er bekommt dafür das Ritterkreuz. [28]
In den frühen Morgenstunden des 12. September 1944 werde ich mit meinen Kradschützen und einem Zug Pioniere zum Gegenstoß auf die „Bananenhöhe" eingesetzt. Ich habe den Auftrag in die Stellung zu stoßen und genaue Aufklärung über den Feind zu bringen; wenn der Feind nicht zu stark ist, soll ich die Stellung halten.
Von der Rollbahn trete ich zum Angriff an. Erst muß der Wald durchgekämmt werden. Leider habe ich dabei schon einige Ausfälle und der Kampf hat noch nicht einmal richtig begonnen. Die Höhe ist sehr stark vom Feinde besetzt. Mit „Hurra" dringe ich in die Stellung ein. Feind ist überrascht und ehe er sich erholt, bin ich schon in seinem Graben. Im Nahkampf wird er nun aus seiner Stellung geworfen. Jedoch auch ich habe Verwundete und Tote. Ich versuche nun den Graben zu halten. Es wäre mir auch gelungen, wenn nicht der rechte Nachbar einen Fehler begangen hätte. Die Kompanie rechts von mir schießt - nachdem ich in die Stellung eingebrochen bin: „Feind greift an!" Daraufhin kommt ein Feuerüberfall vom ganzen Artillerieregiment und einer Nebelwerferabteilung. In diesem Zauber liege ich nun mit meinem ganzen Zug.
Mit einem Schlag sind eine Menge Ausfälle zu verzeichnen, es entsteht ein wüstes Durcheinander. Ich kann kaum mehr Herr der Lage bleiben, denn als der Feuerschlag einsetzt, bin ich gerade mit einem Melder unterwegs, um die Verbindung mit dem linken Nachbarn herzustellen.
Mit Mühe und Not gelingt es mir, die Männer geschlossen aus der Stellung zu lösen. Die größte Schwierigkeit besteht darin, die Verwundeten mitzunehmen. Zwei Tote muß ich liegenlassen, meinen

Melder Vogel und einen weiteren Mann. Zwei Schwerverwundete sterben unterwegs und einen kann ich überhaupt nicht mehr mitnehmen. Der Feind tritt mit starken Kräften zum Gegenstoß an und kann seine Stellungen wieder in Besitz nehmen.
Es ist auch zum Ärgern. Endlich ist es mir gelungen, die lang umkämpfte Höhe wieder zu nehmen, aber auf diese tragische Weise wird wieder alles zunichte gemacht.
Die Männer sind furchtbar niedergeschlagen, mir geht es auch nicht anders. Mit allen Anstrengungen haben wir die Stellung genommen und nun müssen wir zusehen, wie sich der Feind in unseren Gräben festsetzt. Mit zehn von zwanzig Männern komme ich beim Kommandeur SS-Standartenführer Karl Ullrich an. In ziemlich „lebhaften" Worten erzähle ich ihm nun die Geschichte. Doch der Kommandeur hat volles Verständnis für meine Lage. Er macht mir keine Vorwürfe.
Der Iwan stellt vorläufig seine Angriffe ein. Jedoch ist es bloß wieder die Ruhe vor einem kommenden großen Angriff. Schon drei Tage später tritt er wieder zum Gegenstoß an.
Ich werde mit meinem Zug beim II./SS-Panzergrenadierregiment „Theodor Eicke" eingesetzt. Der Iwan hat schon wieder unsere Gräben an vielen Stellen überrennen können. Mit meinen Männern kann ich den Feind abriegeln und eine Sicherungslinie aufbauen. Diese halte ich gegen mehrere Feindangriffe, bis ich von Teilen des III./SS-Panzergrenadierregiment „Theodor Eicke" abgelöst werde. Noch in der Nacht setzt sich das Regiment in die vorbereitete Stellung ab.
Der Regimentsgefechtsstand kommt nach Jesefow. Bereits in der Nacht versucht der Feind unsere Absetzbewegung zu stören, unsere Nachhuten sind jedoch „auf Scheibe" und schmieren den Feind immer wieder ab.
Die neuen Stellungen sind so einigermaßen ausgebaut, aber wir bauen die Gräben noch weiter aus. Einige Tage später versucht der Feind die HKL zu überrennen. Jedoch er hat nicht mit dem Kampfgeist der Grenadiere gerechnet. Nur beim III./SS-Panzergrenadierregiment „Theodor Eicke" kann er einen tieferen Einbruch erzielen. In der Nacht treten die eigenen Teile zum Gegenstoß an und

die HKL ist wieder in eigenem Besitz. In derselben Nacht werde ich mit einem Spähtrupp in Remblczisna vom Feind überfallen. Na, aber wir sind ja Kradschützen! Nach einem kurzen Feuergefecht gelingt es mir mit meinen Männern die Umklammerung des Iwans zu durchbrechen. Die Aufklärungsergebnisse, welche ich bringe, sind schon einen solchen kleinen Kampf wert.
Vorläufig rührt sich der Feind nicht. Jedoch wir lassen uns nicht bluffen, denn wir kennen die Ruhe vor dem Sturm. Immer besser bauen wir die Stellungen aus. Neue Minenfelder werden angelegt und Drahthindernisse gebaut. Dem Regiment stehen ziemlich viel schwere Waffen zur Verfügung. Doch auch der Iwan ist nicht müssig, auch er baut seine Gräben aus und schiebt immer mehr Truppen gegen unsere Stellungen. Na, dieser Zauber kann heiter werden.
Bei meinem Zug ist alles beim alten. Die Schwimmwagen und Kräder werden wieder in Ordnung gebracht. Ich bilde meine Männer noch an den Feldfunksprechgeräten, Typ Berta, aus.
In den frühen Morgenstunden des 18. September 1944 tritt der Feind erneut zum Stoß auf Jablonna an. In den Mittagsstunden kann er die Stellungen des II./SS-Panzergrenadierregiment „Theodor Eicke" überrennen.
Ich werde mit dem Erkunderzug zum Gegenstoß angesetzt. Mein Auftrag lautet, durch Josefow zu stoßen, dann Michailow-Grabina anzugreifen und zu nehmen, die erreichte Stellung dann so lange zu halten, bis die Teile des Regiments die alte HKL wieder besetzt haben.
Na, ich wünsche mir selber alles Gute zu diesem Auftrag, denn ich habe bloß eine Stärke von -/2/8 (kein Führer, zwei Unterführer und acht Männer) und sechs Sturmgeschütze...
Erst einmal setze ich mich mit dem Führer der Sturmgeschütze in Verbindung und bespreche mit ihm den Angriff. Mein Zug ist bei den Panzermännern gut angeschrieben und so kann also nichts schiefgehen.
Gegen 13.00 Uhr trete ich zum Angriff an. Durch Josefow hindurch habe ich nur schwachen Feindwiderstand. Auch über die freie Plaine von Michailow-Grabina geht alles noch gut, dann aber hat

der Feind bereits unser Vorhaben erkannt. Er versucht nun mein Unternehmen auf alle nur mögliche Art zu stören, aber er ist sich anscheinend über meine Stärke nicht im Klaren, denn er fühlt nur vorsichtig gegen meinen Haufen vor. Trotz allem greife ich den Feind immer wieder an. Immer weiter dränge ich ihn zurück.
Endlich habe ich dank der guten Unterstützung der Sturmgeschütze den Südrand von Grabina erreicht. Noch ist mein Auftrag nicht ganz erfüllt, denn der Ort hat noch einen weiteren Ortsteil, den sogenannten „E-Punkt 23". Der Russe setzt sich wieder mit starken Kräften in der Auffangstellung hinter dem II./SS-Panzergrenadierregiment „Theodor Eicke" fest.
Entschlossen trete ich gleich zum Gegenstoß an. Mit „Hurra" dringe ich in die Stellungen des Feindes ein. Der Iwan findet kaum Zeit zu nennenswertem Widerstand. Nun ist er im Laufen. Ich lasse meine acht Männer auf die Sturmgeschütze aufsitzen und setze alles auf eine Karte, denn es muß mir noch vor Einbruch der Dunkelheit gelingen, den Feind aus den restlichen Häusern zu werfen. Auch will ich den Wald noch vom Feinde säubern. Es ist kein Vergnügen, in diesem Feuerzauber auf den Panzern zu sitzen!
Fast habe ich schon die letzten Häuser erreicht, als der Feindwiderstand doch zu stark wird. Mein Zug kommt nicht mehr vorwärts und der Angriff bleibt liegen. Es bleibt mir nichts übrig, als in die Auffangstellung zurückzugehen, hier will ich nun die Nacht abwarten.
Zum Glück habe ich bis jetzt noch keine Ausfälle. So kann ich mit meinen acht Männern eine Sicherungslinie beziehen. Die sechs Sturmgeschütze baue ich vor dem Graben zur Sicherung ein. Der Iwan nimmt dieses Grabenstück unter schweren Beschuß. Dann versucht er mit starken Stoßtrupps meine Stellung zu überrennen. Jedoch holt er sich bloß einen blutigen Kopf. Auch alle weiteren Angriffe des Feindes werden abgewehrt.
In der Nacht, um 23.00 Uhr, erhalte ich den Befehl, mich mit den Sturmgeschützen bis auf den „E-Punkt 23" durchzuschlagen, dort die Stellung zu halten und die Feindbewegungen auf das SS-Panzergrenadierregiment 5 „Totenkopf" zu stören. Der Befehl ist nicht gerade angenehm, denn ich habe nur noch acht Männer, aber es wird

schon gehen. Eine halbe Stunde später laufen alle Motore der Sturmgeschütze auf Hochtouren. Das soll den Feind über meine wahre Stärke täuschen, denn so einfach ist dieses Unternehmen nicht. Doch mit einigem Mut muß es schon klappen.

Die Männer müssen auf den Sturmgeschützen aufsitzen, so versuche ich in die feindlichen Stellungen zu stoßen.

Erst geht alles gut, aber der Feind merkt leider zu früh, was ihm droht. Immer wieder versucht er Handgranaten auf die Sturmgeschütze zu werfen, doch die Männer stoßen mit den Füßen alle wieder herunter. Es ist eine gefährliche Sache, aber das Unternehmen ist vom Glück begünstigt. Meine Kradschützen haben von den früheren Einsätzen schon eine gewisse Erfahrung. Es gelingt mir, alle Gegenangriffe des Feindes abzuwehren. Langsam nur kann ich mich durch die feindlichen Linien durchkämpfen. Immer wieder stoße ich mit den Sturmgeschützen vor.

Endlich gelingt es mir, eine Gasse durch die russischen Linien zu bahnen. Um 3.00 Uhr kann ich den Punkt 23 besetzen. Nun ist eigentlich das Schwerste meines Auftrages erledigt, das heißt, wenn der Feind nicht zu starke Angriffe auf meinen kleinen Haufen ansetzt.

Links von meiner Stellung befindet sich ein Ortsteil, rechts eine Höhe und dichter Wald, dazu vor und hinter mir der Iwan in rauhen Mengen. Auch bei den Männern macht sich eine gewisse Unruhe bemerkbar. Es ist auch nicht anders denkbar, denn ich habe nur durch eine schmale Gasse Verbindung mit dem Regiment. Vor dem Ortsteil liegt die alte Stellung des III./SS-Panzergrenadierregiment 5 „Totenkopf".

In dieser Stellung finde ich noch genügend Munition und auch Panzerfäuste. Am schwierigsten ist es nun, wie ich mich am besten sichere, denn der Feind ist überall.

Ich bekomme den weiteren Auftrag, den Vormarsch des Feindes nach Süden und Südosten zu unterbinden und das Nachziehen weiterer Verstärkungen nach der Vorstadt Praga zu verhindern.

Die erste Nacht verläuft ganz ruhig. Der Feind ist sich anscheinend über meinen Standpunkt noch nicht ganz im Klaren. Den Männern schärfe ich nochmals ein, äußerste Ruhe zu bewahren und nur in den dringendsten Fällen zu schießen. Ich will erst am nächsten Morgen die genaue Lage „peilen", denn ich habe den Auftrag, die Stellung bis auf Widerruf zu halten. Während der Nacht sind starke Panzergeräusche zu hören. Na, der kommende Tag kann gut werden...

Langsam vergeht die Nacht, viel zu langsam für unsere überspannten Nerven. Bei der geringsten Bewegung des Feindes kommen die Männer und holen mich. Dann muß ich mit zur Postenstelle. Meine Männer und ich kommen die ganze Nacht nicht zum Schlafen. (29) Schon in den frühen Morgenstunden kann ich die ersten Bewegungen des Feindes beobachten. Immer wieder schiebt er Infanterie und Panzerkräfte gegen Warschau vor. Nachschubeinheiten und viele Kolonnen kommen vorbei. Noch weiß der Iwan nicht, daß ich auf der Lauer liege. Auf jedem Sturmgeschütz wird ein MG aufgebaut. Zwei Doppelposten sichern die beiden Flanken. Jede Kolonne nehme ich mit den Panzern und den leichten Infanteriewaffen unter Beschuß. Den ganzen Tag dauert der Zauber. Der Feind versucht nun meine Stellung von Osten her einzudrücken. Jedoch sind die Posten „auf Scheibe". Sie erkennen, daß der Feind schon nach kurzer Zeit antritt. Für mich gibt es jetzt bloß eines: Gegenstoß!

Sofort trete ich an und kann den feindlichen Angriff bereits im Keime ersticken. Er muß wieder in seine alte Stellung zurückgehen. Immer wieder versucht er meine Sicherungslinie zu überrennen, doch er holt sich bloß blutige Köpfe. Er kann in keinem Fall den entscheidenden Durchbruch erzielen. Meine Kradschützen stehen unerschütterlich. Wenn auch die Lage manchmal brenzlig wird, so habe ich doch die Gewißheit, daß meine Männer mich nie enttäuschen werden.

Bereits am nächsten Morgen beginne ich wieder die Feindbewegungen zu stören. Es werden noch drei Panzer von unseren Sturmgeschützen abgeschossen. Am meisten beunruhigt mich, daß ich keine Verbindung zum Regiment habe. Es kann sein, daß sich die Lage schon geändert hat, doch es kommt kein Melder zu mir durch. So habe ich keine andere Wahl, als meinen Auftrag weiter auszuführen.

In den späten Nachmittagsstunden will ich drei Sturmgeschütze zurückschicken, um Munition und Benzin zu holen. Jedoch kommt nach einer halben Stunde ein Sturmgeschütz zurück und meldet, daß es dem Feind gelungen ist, in unserem Rücken Fuß zu fassen und er die alte Auffangstellung wieder besetzt und bereits Pak aufgebaut hat. Ein Panzer wird abgeschossen, die anderen bleiben zur Sicherung dort stehen.

Nun wird die Lage ungemütlich. Immer wieder versuche ich mit dem Regiment in Funkverbindung zu kommen. Leider vergebens, denn ein Unglück kommt ja selten allein.

Es folgt wieder eine lange Nacht. Die Männer werden unruhig. Ich kann es ihnen nicht verdenken. Es ist bestimmt keine Kleinigkeit, mit wenigen Sturmgeschützen und acht Männern mitten im Feind zu stehen und die Stellung zu halten. Melder werden von beiden Seiten eingesetzt, aber keiner erreicht sein Ziel. Mir ist es egal, ich werde meinen Auftrag ausführen, da kann kommen, was will.

Langsam bricht die Nacht herein. Der Feind versucht mit einem starken Stoßtrupp meine Stellung zu überrennen. Jedoch er wird bald erkannt und so kann ich im zusammengefaßten Feuer aller Waffen diesen Angriff abschlagen.

In den frühen Morgenstunden vernehme ich hinter der alten Auffangstellung Kampflärm. Viel leichter wird es uns allen ums Herz, denn jeder liebt wohl sein Leben über alles, auch wenn er noch so tapfer ist. Hier kann es sich nur um einen Gegenstoß des SS-Panzergrenadierregiments „Theodor Eicke" handeln, die uns rausschlagen wollen. Nun ist der Zeitpunkt für mein Handeln gekommen.

Ich warte noch, bis die eigenen Teile in die Feindstellungen einbrechen, dann trete ich zum Gegenstoß an. Das Unternehmen ist ziemlich gewagt, denn ich muß mit den Panzern durch einen Sumpf fahren. Aber zum Glück sackt kein Wagen ab. Am Rande des Waldstückes sammele ich meinen Haufen und unterstütze den eigenen Angriff. Mit Maschinengewehren und Infanteriewaffen bringe ich dem Feind immer wieder Verluste bei.

Langsam nur weicht der Feind. Allerdings gelingt es uns nicht, den Iwan in seine alte Stellung zurückzuwerfen. Nun bekomme ich vom Kommandeur den Befehl, mit meinen wenigen Männern und eini-

gen Sturmgeschützen einen Flankenstoß zu führen. Ich trete durch den Wald an und erreiche bei geringem Feindwiderstand den Ort Michailow-Grabina. Der Feind wird durch diesen Stoß aus der Ruhe gebracht und weicht in seine alte Auffangstellung zurück. Nun ist mein Auftrag erfüllt, die alte HKL ist wieder in unserer Hand.
Mit meinen Schwimmwagen fahre ich zum Regiment zurück. Voll Stolz kann ich dem Kommandeur Ullrich melden: „HKL wieder in eigener Hand. Fünf Gefangene habe ich eingebracht und viel Waffen und Munition erbeutet. Außer zwei Leichtverwundeten habe ich keine Ausfälle." Drei Männer des Zuges bekommen das EK 2.
Nun habe ich wieder einige Tage Ruhe. Der Zug kann wieder aufgestellt werden. Die Schwimmwagen werden überholt, auch bekomme ich noch einige Männer zugeteilt. Die Leichtverwundeten kommen wieder nach vorne. Es läuft alles seinen gewohnten Gang. Jeden Tag spielen wir Handball, denn es muß für den Dienst ein Ausgleich geschaffen werden.
Beim Feind ist auch alles ruhig. Es sind wenigstens noch keine nennenswerten Bewegungen zu beobachten. Diese Tour des Russen kennen wir jedoch schon, diesmal soll er uns aber nicht täuschen. Auf beiden Seiten wird eifrig an dem weiteren Ausbau der Stellung gearbeitet. Es ist unserer Führung klar, daß der Iwan unseren Brückenkopf eindrücken will. Na, er soll nur kommen, er wird schon mit den nötigen Mitteln empfangen werden.
Die ersten Tage im Oktober vergehen ganz ruhig. Bloß während der Nacht gibt es immer wieder Schießereien. Dann bleibt auch dieses kleine Zeichen des Krieges aus. Kein Schuß fällt, Grabesstille herrscht über den Stellungen. Ja, das ist die bekannte Ruhe vor dem Sturm.
Ich selbst fahre mit meinem Zug einige Aufklärungen im Niemandsland. An Feindbewegungen kann ich weiter nichts feststellen. Wir müssen abwarten. Der Zauber, der noch kommen soll, der wird nicht schlecht sein...

**Zur Lage in der dritten Abwehrschacht um Warschau, Oktober 1944**

*Am 22. September 1944 stellten die Sowjets ihre Großangriffe ein, zu hoch waren ihre Verluste, zu gering ihr Vorwärtskommen nach Westen. Nach Zuführung starker neuer Einheiten griff der Gegner am 10. Oktober 1944 erneut die Front der 3. SS-Panzerdivision „Totenkopf" an, erzielte jedoch nur vorübergehend einige Einbrüche. Jeden Tag griffen nun die Sowjets bei der „Totenkopf"-Division an, die sich mit allen zur Verfügung stehenden Kräften wehrte.*
*Am 28. Oktober 1944 stellten die Sowjets ihre Massenangriffe ein, da sie eine Verlagerung ihres Angriffsschwerpunktes vorbereiteten. Müde und abgekämpft, aber innerlich stark lagen die Männer der „Totenkopf" in ihren Stellungen im sogenannten „Nassen Dreieck", zwischen Weichsel und Bug, ostwärts Warschau. Dort verbleiben sie bis zum 25. Dezember 1944.*

10. Oktober 1944, 08.00 Uhr morgens.
Orkanartig beginnt das feindliche Trommelfeuer. Immer wieder hämmern die Batterien des Feindes auf unsere Stellungen. Minuten werden zur Ewigkeit. Mit knapper Not kann ich meinen Zug zusammenhalten. Verstohlen geht mein Blick zur Uhr: 9.00 Uhr erst und noch immer trommeln die feindlichen Geschütze auf die Gräben der Grenadiere und auf die Nachschubwege. Ein Sturmgeschütz erhält einen Volltreffer. In einer Tiefe von fünf Kilometern wird das Gelände von feindlichen Granaten getroffen.
Von vorne kommt bereits die Meldung, daß der Feind beim III./SS-Panzergrenadierregiment 6 „Theodor Eicke" durchgebrochen sei. Gegen 11.00 Uhr läßt das Trommelfeuer nach, dann aber ist es dem Feind schon gelungen, an vielen Stellen unsere HKL zu durchbrechen, denn er hat bereits während des Trommelfeuers seine Infanterie zum Angriff angesetzt. Mit allen Mitteln versucht er die Stellungen völlig zu überrennen. Jedoch bleibt der Kommandeur Herr der Lage. Er läßt gleich zum Gegenstoß antreten und es ge-

lingt einen Teil der Stellungen wieder in die Hand zu bekommen. Ich selbst trete mit meinem Zug und sechs Tigern zum Gegenstoß nach Josefow und Michailow-Grabina an. Ich kenne dieses Gelände schon von früheren Unternehmen. Verbissen wehrt sich der Feind. Erst in den späten Nachmittagsstunden erreiche ich das Angriffsziel. Von hier aus versuchen Teile des I./SS-Panzergrenadierregiments „Theodor Eicke" den Angriff weiter vorzutragen. Leider muß dieser Angriff am anderen Morgen abgeblasen werden, denn der Widerstand des Feindes ist zu stark. Von meinem Zug kommen bloß zehn Männer wieder, auch fünf Tiger werden abgeschossen. Ich komme zum Gefechtsstand zurück, der Kommandeur ist mit dem Erreichten zufrieden.

Nun habe ich den Auftrag bekommen, eine Sicherungslinie hinter der eigenen HKL zu beziehen. Dort sollen zurückgehende Teile aufgefangen werden. Es gibt auf jeden Fall für meine Männer einige Tage Ruhe. Obwohl der Feind immer wieder bei der Infanterie angreift, gelingt es ihm nicht, die Stellungen des Regimentes zu überrennen.

Bis zum 15. Oktober 1944 dauern die ruhigen Tage für meine Männer. Das Regiment braucht die Stellung bloß einen Kilometer zurückzunehmen.

In der Nacht des 15. Oktober 1944 werde ich beim II./SS-Panzergrenadierregiment „Theodor Eicke" eingesetzt. Ich soll eine Lücke in der HKL mit meinem Zug dichtmachen. In der gleichen Nacht soll ich dann abgelöst werden, heißt es in dem Befehl.

Allerdings werde ich bereits beim Vorgehen von einem feindlichen Feuerüberfall überrascht. Dadurch verliere ich die restlichen Männer meines Zuges. Zehn Verwundete und fünf Tote muß ich an dieser Stelle lassen.

Nun beginnt der schwere Teil, all diese Männer zurückzubringen. Mit einigen Schwierigkeiten wird auch das geschafft.

*Verläßliche Frontkameradschaft – zwei Geschützführer der 3./SS-Sturmgeschützabteilung 3 „Totenkopf".*

*Blick aus einem Sturmgeschütz der 3. Batterie bei Charkow, August 1943.*

*Am 9. September 1943 wird dem Regimentskommandeur des SS-Panzergrenadierregiments 6 „Theodor Eicke", SS-Standartenführer Hellmuth Becker, Mitte, das Ritterkreuz verliehen. Links Karl Ullrich und rechts Max Kühn, die nacheinander ebenfalls das Regiment führten und Hugo Zährls Vorgesetzte waren.*

*Einer der zuverlässigen Artilleristen, Peter Kauth, hier als SS-Hauptscharführer und Spieß der 4./SS-Panzerartillerieregiment „Totenkopf", der am 3. Oktober 1942 mit dem Deutschen Kreuz in Gold ausgezeichnet wurde.*

Zwischen Poltawa und Charkow hat ein Sturmgeschütz der 3. Batterie diesen Sowjetpanzer abgeschossen.

Ein feuerndes Sturmgeschütz.

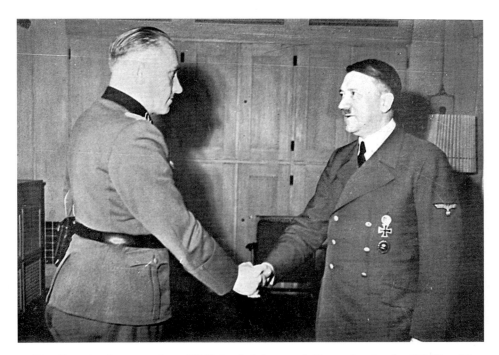

Der Divisionskommandeur, SS-Brigadeführer und Generalmajor der Waffen-SS Hermann Prieß, wird im September 1943 im Führerhauptquartier mit dem Eichenlaub zum Ritterkreuz ausgezeichnet.

*Eine Sturmgeschützbesatzung der 3. Batterie der SS-Sturmgeschützabteilung 3 „Totenkopf".*

*SS-Obersturmführer Berndt Lubich von Milovan erhält am 14. Oktober 1943 als Führer der 1./SS-Sturmgeschützabteilung „Totenkopf" das Ritterkreuz, da er einen Feinddurchbruch bei Kolontajew verhinderte.*

*SS-Obersturmführer Berndt Lubich von Milovan.*

*Und er lacht... trotz aller Entbehrung, trotz Schlamm, Dreck, Verwundung und überall lauerndem Tod waren die Soldaten von unverwüstlichem Humor beseelt. Hier ein vollkommen vom Schlamm verdreckter Fahrer.*

Der vielfach bewährte Regimentskommandeur des SS-Panzergrenadierregiments 6 „Theodor Eicke" Karl Ullrich an Bord seines Befehls-SPW mit seinem Hund Negus, im Dezember 1943.

Die bis heute anhaltende Frontkameradschaft stellt ein beinahe unvorstellbar festes Band der Treue dar. Einem blutjungen SS-Unterscharführer drücken hier zwei Kameraden unmittelbar nach Rückkehr aus dem Kampf ihren Dank aus.

Ein Schützenpanzerwagen mit Scherenfernrohr.

Ernst-Günther Lorenz von der 16./SS-Panzergrenadierregiment 6 „Theodor Eicke", gefallen am 19. September 1943 bei Otrda.

*Der Verfasser dieses Buches, Hugo Zährl, wird am 24. Dezember 1943 im Alter von 19 Jahren zum SS-Unterscharführer befördert.*

Der Panzer 714 der 7./SS-Panzerregiment 3 „Totenkopf" im Winter 1944.

Auf dem Gefechtsstand des Regiments 6 „Theodor Eicke" läßt sich Karl Ullrich von versprengten Panzersoldaten des Heeres berichten.

Kampferfahrene Führer:
Die SS-Hauptsturmführer Rudolf Ditzenbach und Ludwig Schwermann, Regimentsadjutant und Chef der 16./SS-Panzergrenadierregiment „Theodor Eicke". Ditzenbach fiel am 10. Oktober 1944 und Schwermann wurde in sowjetischer Gefangenschaft am 28. Februar 1953 erschossen.

Im März 1944 kämpft die „Totenkopf"-Division im Raum Balta. SS-Obersturmbannführer Karl Ullrich, rechts, Kommandeur des SS-Panzergrenadierregiments 6 „Theodor Eicke", bei seinen Männern.

*Johannes Schmidt, ein junger Scharfschütze in der 11./SS-Panzergrenadierregiment 6 „Theodor Eicke".*

*Josef Rölleke, 19-jähriger SS-Unterscharführer und Meldestaffelführer des III./SS-Panzergrenadierregiment 5 „Totenkopf" wird am 16. Juni 1944 mit dem Ritterkreuz ausgezeichnet.*

*Panzerkampfwagen V „Panther" der I./SS-Panzerregiment 3 „Totenkopf" im Juli 1944 bei Siedlce, ostwärts Warschau.*

*Sie erteilten Hugo Zährl oft die direkten Einsatzbefehle: Der Kommandeur des SS-Panzergrenadierregiments 6 „Theodor Eicke", SS-Standartenführer Karl Ullrich und der Regimentsadjutant SS-Hauptsturmführer Rudolf Ditzenbach.*

*Der anerkannte Kommandeur des SS-Panzergrenadierregiments 6 „Theodor Eicke" Karl Ullrich wird am 14. Mai 1944 mit dem Eichenlaub zum Ritterkreuz ausgezeichnet.*

*Ein Panther der 2./SS-Panzerregiment 3 „Totenkopf" ostwärts Warschau.*

# Neuaufstellung meines Kraderkundungszuges

In den Morgenstunden fahre ich zum Regiment zurück. Ich kann das alles gar nicht glauben. Ob mein Zug noch einmal wieder erstehen wird? Ich glaube es kaum. Beim Troß soll ich einen neuen Zug aufstellen.
Müde und an allen Gliedern zerschlagen, komme ich in Ch. an. Es ist ein trauriges Bild, wenn ich an der Kolonne entlang sehe. Nur leere Schwimmwagen werde ich gewahr. Von der Luftwaffe bekommt der Zug den Nachersatz. Mir bleibt nicht einmal die Zeit, richtig zu schlafen, denn in einigen Tagen soll ich mit meinem Zug wieder zum Einsatz. Kaum habe ich mich beim Chef gemeldet, da kommt schon der Melder und sagt, der Zug sei angetreten.
Unrasiert und dreckig stehe ich vor meinen neuen Männern. Ich brauche nicht viel zu sagen, denn an mir sehen die Männer schon, daß in den letzten Tagen etwas los war. Klipp und klar sage ich ihnen, daß ich bei den kommenden Einsätzen unbedingten Gehorsam verlange, auch wenn es noch so schwer falle. „Wo ich hingehe, da müßt auch ihr hingehen, dort aber, wo ich nicht hingehe, braucht keiner von meinem Zug hinzugehen!" - Das ist schon immer meine Anschauung gewesen und ich bin mit meinem alten Zug gut dabei gefahren. Denn es ist egal, ob der Mann zackig grüßt, bei den Einsätzen muß er „auf Scheibe" sein. Da muß er schießen und „Hurra" schreien können. Bei all meinen späteren Einsätzen hat es sich gezeigt, daß ich meine Männer richtig erzogen habe.
Vom Kommandeur bekomme ich nur drei Wochen für die Ausbildung genehmigt. Als ich dann nach dieser Frist dem Kommandeur klarstelle, daß ich so nicht zum Einsatz gehen könne, bewilligt er mir noch einmal zehn Tage. Na, ich bringe meinen Haufen schon in Schuß.
Abends nach Dienstschluß sitze ich mit den Männern zusammen und erzähle von den kommenden und von den vergangenen Einsätzen, denn das ist genau soviel, wie der beste Unterricht. Jeder

kramt nun seine guten und schlechten Erlebnisse aus. Es waren alles Leute von der Luftwaffe und sie hatten ganz andere Erlebnisse, als wir von der Infanterie. In einem sind wir uns alle einig, daß wir unseren Mann stehen werden. Ob das nun in der JU 88 oder im Schwimmwagen ist, das ist ganz egal. Auf diese Weise bekomme ich mit den Männern die beste persönliche Fühlung. Das ist bei den Einsätzen sehr viel wert, denn auch die Autorität hat ihre Grenzen.

Nach einigen Tagen stelle ich eine Gruppe zum Regimentsgefechtsstand als Sicherung ab. Sonst läuft die Ausbildung weiter. Die Männer haben schon das Notwendigste gelernt. Der nächste Einsatz muß dann zeigen, was sie können.

Wir haben einen neuen Regimentskommandeur bekommen, da SS-Standartenführer Karl Ullrich die Führung der 5. SS-Panzerdivision „Wiking" übernommen hat, ist SS-Obersturmbannführer Franz Kleffner zu uns zurückgekommen. Er hat bereits 1942 im Kessel von Demjansk das Ritterkreuz erhalten. [30]

27. Oktober 1944, heute wird die HKL in die „Fuchs-Stellung" zurückgenommen. Ich bekomme Befehl, wieder zum Regiment nach vorne zu fahren.

Regimentsgefechtsstand in Raizsew. Hier werden eifrig Bunker gebaut, denn es wird langsam kalt. Auch in der HKL wird weiter an den Stellungen gebaut.

Der Brückenkopf Warschau erhält von uns den Namen „Nasses Dreieck", denn im Süden liegen die Kompanien an der Weichsel und im Norden die Teile der „Wiking" am Bug. Weiter im Norden beginnt der feindliche Brückenkopf Ostenburg (Pultulsk). Die Sache ist nicht so einfach, jedoch wir sind es ja gewöhnt und haben schon Schlimmeres durchgemacht.

Der Feind bleibt ruhig, er will sich erst einmal von seinen schweren Wunden erholen. Oder will er bei einer SS-Division nicht mehr angreifen? Er wartet anscheinend, bis wir abgelöst sind. Na, das hat er dann auch später getan.

Für meinen Zug gibt es weiter keine Arbeit. Bloß in der Nacht muß eine Gruppe an der Weichsel als Sicherung eingesetzt werden. Jede Woche steigen mehrere Stoßtrupps auf die feindlichen Stellungen.

Manchmal stelle ich einige Männer dazu ab. Ansonsten hat der Zug ein ruhiges Leben. Wir sind bei der Jagd, beim Fischfang usw.. An Rehbraten und Fischgerichten fehlt es nicht, auch wird von der Kompanie eine Schnapsbrennerei in Betrieb genommen. Für das leibliche Wohl der Truppe ist bestens gesorgt.

9. November 1944. Heute werde ich zum Oberscharführer befördert. Ich kann es kaum glauben. Die Uniform mit den neuen „Sachen" ist mir völlig ungewohnt.

Ich bin noch nicht 21 Jahre und bekomme nun als Zugführer noch Zusatzverpflegung für Jugendliche. Meine Unterführer sind alle älter als ich. An manchen Tagen habe ich einen schweren Stand, doch in solchen Fällen muß man eben die Männer durch das persönliche Können überzeugen und nicht durch Spinnerei, das ist schon immer meine Anschauung gewesen.

Die Beförderung wird natürlich gehörig gefeiert. Auch einige Männer des Zuges werden ebenfalls befördert. Es hat an diesem Tag wohl jeder einen in der „Krone". Na, auch das muß ein Soldat einmal vertragen können. Am nächsten Tag ist dann alles wieder beim alten.

Über meine Beförderung bin ich sehr erfreut, ist es mir doch ein Zeichen dafür, daß meine schweren Einsätze irgendwie belohnt werden.

Der Feind bleibt noch immer ruhig. Die Grenadiere haben es auch verdient. Jeden Tag kann eine andere Kompanie ins Kino gehen. Alle acht Tage kommen einige Männer in das Erholungsheim an der Weichsel. So wird auf diese Weise für das Wohl der Truppe gesorgt.

Mitte November beginnen wir mit dem Ausbau des neuen Gefechtsstandes.

Die Division „Totenkopf" soll den ganzen Brückenkopf übernehmen. Mit einem alten T 34 werden die nötigen Stämme aus dem Wald geschleppt. Es kommt dann, wie es schon immer war. Als der Gefechtsstand fertig ist, machen wir Stellungswechsel.

15. November 1944. Das SS-Panzergrenadierregiment 6 „Theodor Eicke" wird von Teilen der 5. SS-Panzerdivision „Wiking" abgelöst. Es wird in den Raum von Plöhnen als Korps-Reserve verlegt, Ge-

fechtsstand in Scholondowo. Hier ist nur wenig Platz für den ganzen Stab. Deshalb komme ich mit den Zügen zum Troß nach Vrona bzw. nach Josefow. Beim Kommandeur bleibt bloß eine Gruppe zum Wache stehen.
In Josefow muß ich gleich mit der Ausbildung beginnen. Im Geländedienst habe ich die ganze Kompanie. Es ist nicht so schlimm. Dazwischen können wir auch ins Kino gehen. Endlich bekommt der Zug die Winterbekleidung.
Abends sitze ich dann mit den Männern beisammen, denn es muß ja auf eine Art und Weise ein Ausgleich für den Dienst geschaffen werden. Nun setzt wieder die Regenperiode ein. Ich kann im Gelände keinen Dienst mehr ansetzen. So werden eben die Kraftfahrzeuge und die Waffen in Ordnung gebracht.
Ab und zu fahre ich nach Plöhnen. Doch es ist auch hier nichts los. Leider merkt man eben überall die fünf Jahre Krieg.

## Im Ehrenblatt des Deutschen Heeres

15. Dezember 1944. Den ganzen Tag regnet es schon; ich bin in einer so schlechten Stimmung. Jedoch soll ich heute noch eine große Freude haben.
Nachmittags, um 15.00 Uhr, muß die Kompanie antreten. Alles mit Stahlhelm und Gewehr. Ich soll dem Chef die Kompanie melden, keiner weiß warum, alles schüttelt mit dem Kopf. Anscheinend will der wieder seine bekannten Kontrollen machen. Das hat mir gerade noch gefehlt, dazu noch der Regen. Die Männer sind am Fluchen und es ist ihnen auch nicht zu verdenken. Aber zum Glück hört am Nachmittag der Regen auf.
Kaum steht die Kompanie, da kommt schon der Kommandeur mit dem Wagen angefahren. Die Kompanie wird gemeldet.
„Oberscharführer Zährl, vortreten!", höre ich. Ich weiß gar nicht, wie mir geschieht, da stehe ich schon vor der Kompanie. Der Kommandeur hält eine kleine Ansprache. Das möchte ich nicht alles so wiederholen, denn es käme leicht der Gedanke des Selbstlobes auf.

So ein klein wenig stolz bin ich doch, als ich von der Nennung im „Ehrenblatt des Deutschen Heeres" erfahre. Ich habe damals bloß meine Pflicht getan.

Anschließend bin ich Gast beim Kommandeur. Es sind noch einige Führer anwesend, welche ich schon sehr lange kenne. Ganz zwanglos und gemütlich ist die Unterhaltung. Zum Schluß bekomme ich noch zwei Flaschen Likör und hundert Zigaretten.

Als ich zu meinem Zug zurückkomme, beginnt erst der richtige Rabatz. Die Freude meiner Männer ist groß, denn mit dieser Auszeichnung wird der ganze Zug geehrt. Bis zum Morgengrauen dauert die Feier.

Bereits um 7.00 Uhr muß ich mich wieder beim Kommandeur melden. Es handelt sich um eine Erkundungsfahrt, denn das Regiment soll wieder Stellungswechsel machen. Als ich mich beim Kommandeur melde, überreicht er mir ein Päckchen der 2. Armee. Eine Flasche Schnaps und hundert Zigaretten. Darunter ein Schreiben: „Die 2. Armee gratuliert zur Ehrenblattspange. Der Oberbefehlshaber". Dieser Tag fängt schon wieder gut an, den ganzen Tag über dauert die Fahrt. Am Abend ist mein Kopf noch immer „schwer", denn ich mußte mit dem Kommandeur auch zur Division fahren.

Am anderen Tag zieht das Regiment in den neuen Raum, Gefechtsstand in Gasocin.

## Bei Reichsminister Dr. Goebbels

Alles rüstet nun für das Weihnachtsfest. Doch es soll wieder einmal anders kommen, als wir denken.

Ich komme erst einige Tage später beim Regiment an, denn ich habe unterwegs mehrere Pannen. Als ich mich dann beim Adjutanten zurückmeldete, sagt mir dieser: „Machen Sie sich fertig, Sie fahren nach Berlin zu Goebbels!" – „Was?" Ich glaube, ich habe eine ganz dumme Antwort gegeben und kein geistreiches Gesicht gemacht, denn über das Gesicht des Adjutanten geht ein Grinsen. „Mensch Zährl", sagt er, „haben Sie Ihren Verstand wieder gefunden? Wir sind alle stolz darauf, daß Sie bei dieser Sache sein können". Immer noch stehe ich wie angewurzelt, meine Gedanken sind schon ganz woanders. „Mensch, nun reiß Dich zusammen und hau ab zum Troß", schreckt mich die Stimme des Adjutanten aus meinen Gedanken. Nun aber kehrt und raus.

Die Männer meines Zuges und die Angehörigen des Regimentsstabes wissen schon Bescheid, denn ich wurde ja schon seit zwei Tagen gesucht. Bei meinem Zug befindet sich eine Halle und jeder will mir helfen, meine Sachen zu packen. Hier zeigt es sich, wie die Männer zu mir halten.

Abends fahre ich zum Troß und fülle meine Zigarettenbestände auf, dann bekomme ich eine neue Uniform. Es gibt in der Kompanie keinen, der mir diese Fahrt mißgönnt, denn alle wissen, was mein Zug geleistet hat.

Am nächsten Morgen fahre ich zum Divisionsgefechtsstand. Hier treffe ich noch weitere vier Unterführer, die mit nach Berlin fahren. Am 21. Dezember 1944 kommen wir in Berlin an. Um 13.00 Uhr ist der Empfang bei Dr. Goebbels. Wir geben die Millionenspende ab und bekommen dann noch jeder zwei Flaschen Schnaps und zweihundert Zigaretten. Eine Stunde sind wir im Propagandaministerium. Der Minister erkundigt sich eingehend nach unseren persönlichen Verhältnissen. Wir sind dann noch einige Tage Gast in Berlin. Diese Stunden werden mir immer in Erinnerung bleiben. Die besten Eindrücke nehme ich wieder mit an die Front.

*SS-Obersturmbannführer Karl Ullrich mit einem eben ausgezeichneten SS-Rottenführer seines Regiments, der nach zwei Tagen aus sowjetischer Gefangenschaft fliehen konnte.*

*Zur Lage in Ungarn, Januar 1945*

*Nach den drei schweren Abwehrschlachten ostwärts Warschau lag die 3. SS-Panzerdivision „Totenkopf" vom 28. Oktober bis 25. Dezember 1944 im gleichen Einsatzgebiet. Die Lage war für Deutschland so ernst wie nie zuvor. Die Sowjets standen an der deutschen Grenze, Rumänien war besetzt, der Feind hatte Budapest eingeschlossen und zielte auf Wien. An der Westfront waren die Westalliierten entlang der Reichsgrenze zum Stehen gebracht worden.*
*Völlig überraschend für die „Totenkopf"-Division, wurde sie jedoch am 25. Dezember 1944 auf die Bahn verladen und nach Ungarn verlegt. Zum letztenmal wurde die bewährte Ostfrontdivision zu einem ihrer Feuerwehreinsätze an die lichterloh brennende Ostfront verlegt. Ihre Aufgabe war, mit dem IV. SS-Panzerkorps die eingeschlossen Kämpfer im Kessel von Budapest zu befreien. Die „Totenkopf"-Division griff am 1. Januar 1945 ostwärts Komorn an und konnte in harten Angriffskämpfen dem gesteckten Ziele näher kommen. Entlang der Donau führte der Angriff über Dunaalmás, Süttő, Bajót, Bajna, Szomor, Zsámbék auf Budapest. In diesen Kämpfen war SS-Oberscharführer Hugo Zährl stets mit an der Spitze im Einsatz, er fuhr Aufklärungseinsätze und wurde als Ordonnanzoffizier von SS-Obersturmbannführer Kleffner eingesetzt.*

# Offensive in Ungarn

Nun geht es wieder zurück nach Plöhnen, doch die Division ist bereits in Ungarn. Zu Silvester komme ich dann wieder bei meinem alten Haufen in Ungarn an.
Bei meinem Zug herrscht eine große Freude, als ich wieder da bin. Ich muß gleich mit den Männern mitgehen. Sie befinden sich in einer sehr guten Stimmung. Ich glaube der viele Wein hat auch das Nötige getan, es ist auch egal. Ich melde mich beim Kommandeur zurück. Er ist froh, daß ich wieder da bin, denn in den nächsten Ta-

gen soll wieder ein Angriff steigen und mein Stellvertreter hat anscheinend nicht so gut gefallen.
Silvester, wir alle wollen einmal alles vergessen. Auch das muß wieder sein.
Noch in den Abendstunden macht das Regiment Stellungswechsel nach Szőny.
Ich habe ein schönes Quartier. Hier habe ich das, was ich brauche, angefangen von der schönen Wohnung, zum guten Essen, bis alles fürs Herz. Dieser Silvester wird so richtig gefeiert.
Als die Stimmung ihren Höhepunkt erreicht, ist es erst 23.00 Uhr. Ich sehe für meine Männer schon schwarz, denn in dieser Nacht soll der eigene Angriff steigen.
Um 2.00 Uhr muß ich mich beim Kommandeur SS-Obersturmbannführer Franz Kleffner melden. Leicht schwankend komme ich zum Gefechtsstand. Der Kommandeur setzt mir nun den Angriff auseinander. Ich kann das alles nicht behalten, denn in meinem Kopf geht es wild durcheinander. Na, es wird schon gehen. In einer halben Stunde, sagt der Kommandeur, soll mein Zug aufgefahren sein. Die Sache kann heiter werden. Doch die Männer sind nicht so voll, wie ich glaube. Endlich habe ich den Zug soweit, daß ich auffahren kann.
Jede Menge Panzer, Ari und Sturmgeschütze rollen in den Bereitstellungsraum. Dieser Zauber kann wieder gut werden! Wie in den ersten Tagen des Krieges kommt mir das vor.
Die Straße ist verstopft. Das Regiment hat den Auftrag, an der Donau über Dunaalmás, Süttő, Bajót, Bajna, Szomor, Zsámbék nach Budapest zu stoßen. Wir sollen die Besatzung der Stadt befreien! Es ist mit härtestem Feindwiderstand zu rechnen; so steht es im Regimentsbefehl.
3.00 Uhr, alle Teile haben die Bereitstellung vollendet, nun kann es losgehen. Zuerst spricht die Ari eine halbe Stunde ein schweres Wort, dann treten die Grenadiere und Panzer zum Angriff an, doch der Feind macht es uns nicht leicht. Auch ist das Gelände für einen Angriff ungeeignet. Links ist die Donau und rechts sind steile Berge, dann sind noch viele Orte zu nehmen. Zäh und verbissen greifen die Männer immer wieder an. Bereits in Dunaalmás werden

einige Panzer mit der Panzerfaust abgeschossen. Nun endlich kann die Infanterie in die Stellungen des Feindes einbrechen.
Nur langsam weicht der Feind. Panzer auf Panzer wird mit der Panzerfaust erledigt. Die T 34 stehen in einer Mulde und können bei einem weiteren Vormarsch nicht mehr rausfahren. Sie versuchen unseren Angriff zu stören, um dann im günstigen Moment den Anschluß an die eigenen Teile wieder zu finden. Doch die Panzerjagdkommandos schießen einen großen Teil ab. Es sind nur wenige, die ihre Einheiten wieder erreichen. Ich selber bin einige Stunden hinter einem Panzer her. Wenn es auch nicht gelingt, sie abzuschießen, werden sie doch vertrieben und können nicht mehr in den Kampf eingreifen.
Als dann der erste Feindwiderstand gebrochen ist, kann sich der Iwan nicht mehr halten. Jetzt wird er gejagt.
Leider haben wir nur eine Vormarschstraße. In der Flanke kann sich der Feind wieder festsetzen, aber das kümmert uns nicht. Unbeirrbar stoßen wir vor. Zum Organisieren gibt es genug, Hunger braucht keiner zu leiden.
Weinend stehen die Zivilisten an den Straßen und winken uns zu. Man sieht doch wieder, daß der Kampf einen Sinn hat. Wenn man so richtig die Schnauze voll hat und dann die lachenden und weinenden Gesichter sieht, dann schlägt das Herz doch höher. Der Erfolg des Kampfes wird uns eben klar vor Augen geführt. Die Bewohner der Ortschaften geben uns alles, obwohl sie selber nicht mehr viel haben, denn der Iwan hat alles, aber auch alles, mitgenommen.
Was hier an Greueltaten vollbracht wurde, spottet jeder Beschreibung. Ich habe bestimmt schon vieles gesehen, aber das ist mir doch zuviel. [31]
Für den Kradschützenzug gibt es genug Aufgaben. Ich werde mit als Ordonnanzoffizier eingesetzt und muß meinen Zug dazu noch führen. Tag und Nacht komme ich nicht mehr zur Ruhe, denn die ganze Aufklärung zu beiden Seiten der Rollbahn muß mein Zug fahren. Dann gibt es wieder Stoßtrupps oder eine gewaltsame Aufklärung. Dabei hat der Zug auch einige Ausfälle. Drei Wagen werden mir durch feindliche Panzer abgeschossen. Auch einige „Sa-

chen" hinter der feindlichen Front werden gefahren. Der Angriff nimmt seinen weiteren Verlauf. Fünf Kilometer ostwärts Süttő biegen wir nach Süden ab. In Bajót erbeute ich mit meinem Zug eine feindliche Panje-Kolonne. Waffen, Verpflegung usw. wird als Beute eingebracht. Nun können wir einige Stunden schlafen, dann wird der Vormarsch fortgesetzt. Das ganze Unternehmen nimmt einen guten Verlauf.

Wir stoßen durch das Vértes-Gebirge (Schild-Gebirge). Am nächsten Tag stehen wir vor Bajna. Der Feind wehrt sich verzweifelt. Es gelingt ihm auch, unseren Vormarsch um einen Tag zu verzögern. Doch die Bataillone treten immer wieder an und fügen dem Feind schwere Verluste zu. Dann endlich muß er weichen. Jedoch auch unser Regiment muß schwer bluten.

Ich fahre an diesen Tagen wieder einige Aufklärungen hinter der feindlichen Front. Die Sache ist nicht so einfach, denn ich muß mehrere Kilometer durch einen Wald. Da bin ich mit den Schwimmwagen kaum beweglich. Aber es wird geschafft. Ohne Verluste erreiche ich wieder die eigenen Stellungen.

Ich kann dem Kommandeur gute Ergebnisse für den weiteren Vormarsch bringen.

Der Angriff geht weiter nach Szomor. Jedoch um diesen Ort sollen noch schwere Kämpfe toben. Die Straße vor dem Ort ist buchstäblich mit Toten übersät.

Die Teile des Regimentes stoßen gleich in Richtung Zsámbék weiter. Unseren Teilen gelingt es an den südlichen Ausläufern des Vértes-Gebirges Fuß zu fassen. Nun liegt die Pußta vor uns. Es muß nun eigentlich schneller mit dem Vormarsch gehen, denkt jeder, aber es kommt anders.

Unser Regiment hat schwere Ausfälle. Während der Feind immer neue Kräfte heranzieht, bekommen wir keinen Mann an Nachersatz.

Der Gegner startet seine Angriffe. Wir müssen die Höhenstellungen räumen und einige hundert Meter weiter hinten die Stellungen beziehen. Hier kann nur unter Aufbietung aller Kräfte die Stellung gehalten werden.

Mit meinem Zug muß ich wieder einige schwere Aufklärungen fah-

ren, welche meistens ins Niemandsland führen. Immer wieder komme ich heil zurück. Einmal muß ich einige Brücken tief im Rücken des Feindes erkunden.
Diese Unternehmungen sind sehr gewagt, doch ich kann jeden Auftrag zu einem vollen Erfolg führen. Oft gibt mir der Kommandeur SS-Obersturmbannführer Kleffner für diese Unternehmen Zigaretten und Schnaps. Er weiß auf jeden Fall unsere Leistungen zu schätzen.
8. Januar 1945, 18.00 Uhr. Ich muß schon wieder eine Aufklärung hinter der feindlichen Front fahren. Im Raum von Mány soll ich die Teile der „Wiking" suchen. Bei diesem Unternehmen stoße ich auf feindliche Ari-Stellungen. Der Sache will ich auf den Grund gehen. Lange kann ich die Iwans beobachten. Erst als ich dann aufstehe und wieder gehen will, werde ich erkannt und unter Feuer genommen. Und schon habe ich einen Schuß in der linken Schulter weg. Meinen zwei Meldern passiert nichts. Es ist bloß ein Fleischschuß. Nun fahre ich noch eine Stunde im Gelände umher, um meinen Auftrag weiter auszuführen. Als ich dann zurückkomme, ist mein Arm schon ganz geschwollen, auch habe ich schwere Schmerzen. Ich melde dem Kommandeur die Ergebnisse. Dann fragt er mich, was ich am Arm habe. Nun muß ich die Sache erzählen.
Am Abend feiere ich mit meinen Männern noch einen kleinen Abschied. Dann bringt mich ein Wagen zum Troß. Mein Chef kann es gar nicht glauben, daß ich verwundet bin, denn ich hatte bis jetzt immer ein unverschämtes Glück. Der Spieß weist mir eine gute Wohnung zu. Die Sache ist nicht schlecht, aber mir gefällt es trotzdem nicht beim Troß. Mir fehlen eben meine Männer und mein Zug. Jedoch es hilft nichts, ich muß noch einige Tage hinten bleiben. Einmal fahre ich auch nach Szőny ins alte Quartier.

## Zur Lage in Ungarn

Während der Angriffskämpfe Richtung Budapest erlitt Hugo Zährl am 8. Januar 1945 einen Durchschuß der linken Schulter durch Infanteriegeschoß und fiel einige Tage für den weiteren Verlauf der Kämpfe aus. An diesem Tag erzielte die 3. SS-Panzerdivision „Totenkopf" den 145. Panzerabschuß in der Offensive. Für die Männer völlig überraschend, wurde jedoch am 11. Januar 1945 der Abbruch des Entsatzangriffes auf Budapest befohlen.
Die 3. SS-Panzerdivision „Totenkopf", weiterhin Seite an Seite mit der bewährten 5. SS-Panzerdivision „Wiking", wurde zu neuem Einsatz in den Raum Stuhlweißenburg verlegt.
Am 18. Januar 1945 griff das IV. SS-Panzerkorps an, „Totenkopf" stieß aus Berhida nach Südosten an und bildete einen Brückenkopf über den Malomkanal, der westlich parallel zum Sárvízkanal verlief. Am Südufer des Velence-Sees wurde der Angriff fortgesetzt, Gárdony genommen und Kis Velence erreicht. Die Masse der Division kämpfte am 21. Januar 1945 um Kápolnásnyék, wogegen der Feind mehrere Angriffe führte. Die „Totenkopf"-Division stand in schweren Häuserkämpfen in Baracska.
In der Enge zwischen Velence-See und Donau massierten die Sowjets ihre Abwehr und es zeichnete sich aus diesem Raum ein kommender Großangriff auf Stuhlweißenburg ab, das erst am 22. Januar 1945 wieder von den Sowjets befreit worden war.

*Panzergrenadiere, die Feindpanzer im Nahkampf vernichtet haben.*

## Am Plattensee

Unser Regiment macht wieder einen größeren Stellungswechsel. Das heißt, das IV. SS-Panzerkorps kommt in den Raum südlich vom Plattensee. Nun hält mich nichts mehr beim Troß. Ich muß wieder nach vorne!
Nach einigen Tagen komme ich mit dem Troß im neuen Raum an. Gleich melde ich mich beim Kommandeur, denn heute Nacht steigt der Angriff. Da muß ich unbedingt wieder dabei sein. Auch gebe ich meinen Zug nicht gerne aus der Hand. Die Männer sind froh, daß ich meinen Zug wieder übernehme. Den Arm muß ich immer noch in der Schlinge tragen, aber es wird schon gehen.
In der Nacht tritt das SS-Panzergrenadierregiment 6 „Theodor Eicke" zum Angriff an. Ziel ist der Velence-See. Dem Regiment ist nun auch eine Königstiger-Abteilung unterstellt. Alles, aber auch alles, ist wieder vorhanden.
Die Artillerie und die Nebelwerfer trommeln auf die Feindstellungen, dann greift die Infanterie an. Feind sitzt in einer guten Feldstellung. Die Grenadiere haben schwere Ausfälle, jedoch es gelingt den Iwan zu werfen und ihn in die Flucht zu schlagen. Die Infanterie sitzt auf die Panzer auf; jetzt beginnt die Jagd.
Der Iwan ist im Laufen und wir lassen ihn nicht mehr zur Ruhe kommen. Schon am nächsten Tag erreichen wir Falubattyán und bilden hier einen Brückenkopf. Am nächsten Morgen wird der Vormarsch in Richtung Agárd und Gárdony fortgesetzt. Keiner kommt mehr zum Schlafen, immer wieder heißt es: „Ran!"
Tag und Nacht rollen die Panzer. Für meinen Zug sind es immer dieselben Aufgaben.
Agárd wird im Handstreich genommen. Bei einem Spähtruppunternehmen bringe ich zehn Gefangene ein. Der Feind tritt nun immer wieder zum Gegenstoß an. Uns gelingt es noch, die Stellungen bis ostwärts Gárdony zu verlegen. Dann aber verliert der eigene Angriff an Kraft und bleibt im starken Abwehrfeuer des Feindes liegen. Die Stellungen werden einigermaßen ausgebaut. Nur mit Mühe können wir die Angriffe des Feindes abschlagen, denn das Regiment ist schon sehr schwach.

Ich bekomme den Auftrag, 30 Kilometer hinter der feindlichen Front einen Brückenkopf zu bilden und solange zu halten, bis die ersten Teile des Regimentes eintreffen. Ich fahre los und komme bis vier Kilometer vor die Brücke, dann aber werde ich mit meinen Männern zusammengeschossen, doch ich kann noch gute Aufklärungsergebnisse mitbringen.

Das Regiment macht Stellungswechsel. Der Feind tritt immer wieder zu Gegenstößen an. Wir können an einen eigenen Angriff nicht mehr denken. Es bleibt uns nichts übrig, als zu versuchen, die Stellungen zu halten. Viele Panzer werden mit der Panzerfaust abgeschossen, denn unsere eigenen Panzer haben schon starke Ausfälle. Doch ist die Panzerfaust eine hervorragende Waffe.

Der Iwan kann die eigenen Stellungen nicht durchbrechen. Beim SS-Panzergrenadierregiment 5 „Totenkopf" gelingt ihm ein kleinerer Einbruch, der allerdings gleich im Gegenstoß bereinigt wird. Unser Regiment „Theodor Eicke" wird von den Bataillonen „Norge" und „Danmark" abgelöst. [32]

In diesem Raum fahre ich mit meinem Zug viele Aufklärungen. Auch ich habe schon einige Tote und Verwundete, denn es gibt immer wieder Schießereien. Vier Schwimmwagen habe ich schon verloren, doch der Mut meiner Männer ist ungebrochen. Hier bewährt sich wieder meine Ausbildung und das Verständnis für die Männer. An manchen Tagen reicht es mir auch, doch ich kann und darf es mir meinen Männern gegenüber nicht anmerken lassen. Es ist manchmal nicht leicht. Oft bin ich so müde, daß ich während der Fahrt einschlafe. Doch es hilft nichts, immer und immer wieder muß ich Aufklärung fahren. Ich denke immer; was heißt müde? Hier geht es um mehr, als um das müde sein.

Ich muß immer über die Männer staunen, die trotz des Ernstes der Lage nie den Humor verlieren.

# Unternehmen Vereb
# (nordwestlich Budapest)

Auftrag der Kampfgruppe „Kleffner": Die Pakfront des Feindes vom Rücken her aufbrechen und einen Brückenkopf über den Vál bilden. Ziel ist Baracska. Der Kampfgruppe werden unterstellt: Ein Bataillon Infanterie, ein Schützenpanzerwagenbataillon, eine Abteilung Artillerie, 30 Panzer, eine Flakkompanie, die Meldestaffel und mein Zug. Führer ist der Kommandeur des SS-Panzergrenadierregiments 6 „Theodor Eicke", SS-Obersturmbannführer Franz Kleffner. In den späten Abendstunden komme ich vom Spähtrupp zurück und melde mich beim Kommandeur. Der Divisionskommandeur SS-Brigadeführer und Generalmajor der Waffen-SS Hellmuth Bekker ist auch anwesend. Nun setzt mir der Kommandeur das ganze Unternehmen auseinander und sagt: „Sie mit ihrem Erkunderzug übernehmen die gesamte Aufklärung des Regiments. Ihre Hauptaufgabe wird sein, nach dem entscheidenden Durchbruch die Kampfgruppe vor Überraschungsangriffen des Feindes aus der Flanke zu schützen!" - Na, dieser Auftrag reicht mir wieder. Südlich der Rollbahn Agárd – Gárdony – Budapest stellen sich die Teile zum Angriff bereit. Regimentsgefechtsstand in János-Major.
Gegen 22.00 Uhr tritt die Kampfgruppe an. Spitze fährt Sturmbannführer Pittschellis mit seinen Panthern. Der Angriff wird zuerst nach Norden über die Rollbahn bei Pelnik vorgetragen.
Nun beginnt harter Widerstand des Feindes. Mit zahlreichen Pak sitzt er in einer gut ausgebauten Stellung. Nachdem er unsere Panzer erkannt hat, setzt ein wütendes Abwehrfeuer ein.
Einige eigene Panzer werden beschädigt, doch immer wieder stoßen die Panzer und das Schützenpanzerwagenbataillon vor. Verzweifelt wehrt sich der Feind. Immer wieder versuchen die Bedienungen der Pak unseren Durchbruch aufzuhalten, doch sie müssen die Flucht ergreifen, wenn sie nicht von den Panthern überrollt werden wollen.
Nun haben wir eine Lücke in das Stellungssystem des Iwans gebrochen. Jetzt stoßen die Teile der Kampfgruppe nach. Es gibt kein

Halten mehr. Immer tiefer wird der Angriff in das feindliche Hinterland vorgetragen. Trosse werden überrannt, Panzer abgeschossen, viele Gefangene gemacht. Der Feind kommt kaum mehr zu einer Flucht.

Immer wieder bietet sich dasselbe Bild. Weinend stehen Zivilisten an der Straße und freuen sich, daß wir wieder da sind.

Für mich beginnen nun meine Aufgaben. Die einzelnen Kräder fahren an beiden Flanken der Kolonne, um etwaige Feindangriffe zu melden, doch der Feind ist zu überrascht, um gleich zum Gegenstoß antreten zu können. Aber es ist kein angenehmes Gefühl, einige Kilometer im Rücken des Feindes Spähtrupp zu fahren. Allerdings kann ich mich auf meine Männer voll und ganz verlassen.

Drei Ortschaften sind bereits genommen. Nun kommt die schwierigste Aufgabe, den Brückenkopf über den Vál zu bilden. Alle Teile werden zusammengezogen, denn die Brücke soll im Handstreich genommen werden.

Eben kommt ein Krad von meinem Zug zurück und meldet, daß feindliche Panzer im Anmarsch sind. Doch unbeirrbar wird der Angriff angesetzt. Da erreicht uns folgender Funkspruch: „Kampfgruppe Kleffner, sofort auf Quadrat 247-a-b-c abdrehen!"

Nun beginnt ein eifriges Suchen auf der Karte. Die Teile müssen nach Norden abdrehen. Ziel ist Vereb. Dort soll der Gefechtsstand der 1. Panzerdivision sein. Die Teile des Heeres sollen von uns unterstützt werden.

Der Kommandeur ist am Fluchen, denn es wäre uns auf jeden Fall gelungen, den Brückenkopf zu bilden.

Ich bekomme den Auftrag, mit dem Heer Verbindung aufzunehmen. Erst einmal muß ich den Ort suchen. Diese Angelegenheit ist nicht so günstig, denn mit dem Krad alleine durch die Iwans zu fahren, ist nicht das Höchste der Gefühle.

Nach längerem Suchen stoße ich auf Teile der 1. Panzerdivision. Nur weiß hier kein Mensch, wo sich der Kommandeur aufhält. Haus um Haus suche ich ab. Na, nun habe ich den „Verein" gefunden.

Der Heeres-Kommandeur empfängt mich mit den Worten: „Na endlich einer von der SS! Auf Euch haben wir schon lange gewar-

tet! Hoffentlich haben Sie noch viele Panzer, denn der Iwan drückt hier schon von allen Seiten." – „Ja, aber bei uns sieht es auch nicht mehr gut aus mit den Panzern." Es folgen noch einige taktische Fragen, dann fahre ich zum SS-Panzergrenadierregiment „Theodor Eicke" zurück.
Schon auf halbem Weg kommen mir die ersten Teile der Kampfgruppe entgegen. Beim Kommandeur melde ich mich zurück und melde ihm, wie es in Vereb aussieht. Befehl an Kampfgruppe Kleffner: „Sofort mit allen Teilen in Vereb sammeln!"
Der Kommandeur fährt gleich mit mir wieder zum Gefechtsstand der Heeres-Division.
Inzwischen tritt der Feind mit Panzern und Infanterie zum Angriff an. Ich ziehe nun die Kolonne nach. Vor dem Ort ist eine Höhe zu überqueren, da gibt es natürlich wieder jede Menge Dunst. Bei diesem Zauber fallen wieder einige Kraftfahrzeuge aus. Nach einer Stunde sind alle Teile in Vereb.
Teile der 1. Panzerdivision werden uns unterstellt. Die Infanterie bildet um die Höhen einen Igel, denn Vereb liegt im Tal. Es ist für den Iwan ein Leichtes, alle unsere Bewegungen zu beobachten. Für einen langen Abwehrkampf ist der Ort nicht geeignet.
Alle Verwundeten und die erbeuteten Fahrzeuge werden auf der einzigen noch freien Rollbahn nach Süden zu den eigenen Teilen in Marsch gesetzt. Doch es gelingt nicht, alle Verwundeten und Tote zu bergen, denn der Iwan hat auch bald diese eine Straße noch genommen.
Immer und immer wieder rennen die roten Massen gegen unsere schwache Sicherungslinie. Am Tage gelingt es uns im guten Zusammenarbeiten mit den Panzern, alle Angriffe des Feindes abzuwehren. Allerdings kann sich der Feind immer weiter an den Ort heranschieben. Die meisten der eigenen Gegenstöße bleiben im feindlichen Feuer liegen.
Bei meinem Zug sind schon zwei Kräder durch Volltreffer ausgefallen. Bei einem Spähtrupp fällt mir dann noch die dritte Maschine aus, doch ich führe mit meinen Unterführern den Auftrag voll aus. Gute Aufklärungsergebnisse kann ich dem Kommandeur bringen. Auf jeden Fall sieht die Sache für uns nicht so rosig aus, denn der

Russe schiebt immer mehr Panzer und größere Massen an Infanterie gegen unsere Stellungen.
Funkspruch auf Funkspruch kommt zum Kommandeur: „40 Feindpanzer im Anmarsch auf Vereb!" - „Feindliche Infanterie schiebt sich mit starken Kräften an Vereb ran!" - „Feind baut Granatwerfer ein!" So folgt eine schlechte Nachricht auf die andere.
Während bei uns immer mehr Männer ausfallen, bringt der Feind neue Massen gegen uns in Front. Dieser Kampf kann ja noch heiter werden.
Von der Division kommt ein Funkspruch: „Kleffner hält die Stellung!" Antwort von unserem Kommandeur: „Brigadeführer, Kleffner hält die Stellung bis zum letzten Mann!"
Als dann die Nacht hereinbricht, ist es mir ganz klar, daß der Kampf um das nackte Leben beginnt. Eine ganze Scheune liegt schon voll mit Verwundeten. Keiner kann mehr weggebracht werden.
Gegen Mitternacht kann der Russe an mehreren Stellen in den Ort einbrechen. Ich werde mit einem zusammengewürfelten Haufen zum Gegenstoß angesetzt. Einige Male versuche ich den Feind zu werfen, doch mit diesem aus allen Teilen bestehenden Haufen, ist nichts anzufangen. Auch wehrt der Feind sich verbissen. Es gibt bei diesen Häuserkämpfen schnell viele Ausfälle. Das wirkt sich irgendwie auf die Männer aus, außerdem wehrt sich der Feind mit allen Mitteln. So kann ich diesen Gegenstoß nicht zu einem vollen Erfolg führen, nur einige Straßenzüge kann ich wieder in die Hand bekommen. Ich hole mir bloß noch blutige Köpfe. Ritterkreuzträger SS-Oberscharführer Hermann Lang kämpft mit einem Schützenpanzerwagenzug vom SS-Panzergrenadierregiment 5 „Totenkopf" bei mir. Der Kommandeur des Panzerregiments, Ritterkreuzträger SS-Sturmbannführer Adolf Pittschellis, wird am 26. Januar 1945 schwer verwundet. Seine letzten Worte waren: „Kämpft weiter!" Er stirbt 20 Minuten später.
Es ist ein schauriges Bild. Von beiden Kirchen sind die Türme weggeschossen. Wie Gespenster erscheinen sie im Feuerschein der brennenden Häuser und in dem grellen Licht der Leuchtkugeln. Stöhnende Verwundete liegen in den Straßen. An jeder Ecke lau-

ern der Feind und der Tod. Ich bin dauernd als Ordonnanzoffizier zu den Kompanien unterwegs. Mir gehen fast die Nerven durch. Ich muß hart bleiben. Viele Verwundete flehen mich an, aber ich kann ihnen nicht helfen. Einige Verwundete sterben mir unter der Hand. Dies alles kann ich nicht so beschreiben, das kann man nur erleben.
Immer wieder geht mein Blick zur Uhr. Es ist erst 1.00 Uhr, also noch lange bis zum Morgen!
An Schlafen ist nicht zu denken, kaum mache ich die Augen zu, dann muß ich schon wieder zum Kommandeur, zur Kompanie oder einen Stoßtrupp führen.
Auch die längste Nacht hat ihr Ende. Endlich graut der Morgen. Der Feind stellt seine Angriffe ein.
Wir flicken die Kompanien wieder so einigermaßen zusammen. Jetzt sehe ich erst, wie hart die Kämpfe in der Nacht waren. Ein Bild der restlosen Zerstörung bietet sich mir. Das war mal wieder Krieg im wahrsten Sinne des Wortes.
Bis auf die beiderseitige Spähtrupptätigkeit bleibt alles ruhig. Nun scheint auch die „Höhere Führung" zur Einsicht gekommen sein. Der Kommandeur bekommt Befehl, sich mit der Kampfgruppe um 21.00 Uhr abzusetzen und im alten Raum wieder Unterkunft zu beziehen.
Bei Einbruch der Dunkelheit machen sich die restlichen Teile der Kampfgruppe zum Durchbruch fertig. Nachhuten bleiben keine am Feind, denn es fehlt an den nötigen Fahrzeugen.
Punkt 21.00 Uhr beginnt die Absetzbewegung. Ich verlasse mit dem Kommandeur als Letzter den Ort. Der feindliche Riegel wird unter Aufbietung der letzten Kräfte überrannt. Leider können nicht alle Verwundete und Toten mitgenommen werden.
Unterwegs schießt ein sowjetischer Scharfschütze einen Mann vom Beiwagen des Krades, Kopfschuß!
Noch einmal geht mein Blick auf Vereb zurück. Im Geiste sehe ich all die vielen Verwundeten und Toten vor mir, die in diesen harten Kämpfen ihr Letztes gaben. Auch ich habe fast meinen ganzen Zug verloren. Der Iwan ist in dem harten Kampf um Vereb Sieger geblieben.

Endlich, nach vier Stunden, erreichen wir die ersten Teile einer deutschen Einheit. Diese schließt sich uns an. Der weitere Durchbruch nach Pelnik wird angesetzt. Voraus fahren die restlichen Panzer, die Flanken sichern die Selbstfahrlafetten der 2-cm-Flak. Feind versucht des öfteren unsere Kolonne zu zersprengen, doch er hat wenig Glück. Erst beim Morgengrauen erreichen wir ohne viele Ausfälle die Rollbahn Wien - Budapest bei Pelnik.

Das war der letzte Versuch, die Besatzung von Budapest zu befreien. Er mißlang, gescheitert an der Widerstandskraft des Feindes. Mit dem Kommandeur fahre ich zur Division. Die Teile des Regiments beziehen den alten Unterkunftsraum.

Vom Kommandeur bekomme ich erst einmal einen guten Likör. So, nun hat alles wieder ein anderes Gesicht. Die harten Tage sind wieder einmal vorbei. Doch für wie lange? Wir sollen auch jetzt keine Ruhe bekommen.

Ich bin so müde, daß ich beim Kommandeur einschlafe. Es ist bereits Mittag, als ich wach werde. Der Regimentskommandeur ist schon lange weg. Ich fahre nun zum Gefechtsstand.

Mir ist es gelungen, alle beschädigten Kräder aus Vereb herauszubringen. Jetzt sind die Maschinen schon fast wieder einsatzbereit. Ich bin sehr froh darüber, denn ohne meine Kräder und den Schwimmwagen bin ich für Aufklärungsaufgaben nicht zu gebrauchen.

Das SS-Panzergrenadierregiment „Theodor Eicke" liegt als Divisionsreserve, es ist nicht viel los. Verbindungsfahrten, einige Spähtrupps.

Nur als es dem Feind gelingt, beim Regiment „Totenkopf" einen tieferen Einbruch zu erzielen, wird das III./SS-Panzergrenadierregiment „Theodor Eicke" zum Gegenangriff angesetzt. Der Iwan gibt sich bald zufrieden und bezieht seine Stellung.

# Kampf um Stuhlweißenburg

28. Januar 1945, um 20.00 Uhr. Ich bekomme den Befehl, mit SS-Untersturmführer Georg Altner und meinem gesamten Zug zur Division zu fahren und dort nähere Befehle zu holen. (33) Es soll sich um einen größeren Stellungswechsel handeln.
Vom Divisionskommandeur SS-Brigadeführer Hellmuth Becker bekomme ich den Auftrag, nach Stuhlweißenburg zu fahren und dort für das ganze SS-Panzergrenadierregiment 6 „Theodor Eicke" Quartier zu beziehen. Das soll keine Ruhe bedeuten.
Gegen 22.00 Uhr fahre ich von der Division weg. Auf der Rollbahn komme ich sehr schlecht durch, denn es befinden sich auch andere Einheiten auf dem Wege nach Stuhlweißenburg. Doch mit den Schwimmwagen kann ich alle Kolonnen überholen. Gegen 1.00 Uhr komme ich in Stuhlweißenburg an.
Als ich mich nach der deutschen Kommandantur erkundige, erhalte ich die Antwort, daß diese Herren bereits weg seien, denn der Russe stehe an mehreren Stellen vor Stuhlweißenburg. Nach Angaben dieser Herren; da ist ihnen natürlich der Boden zu heiß geworden. Es ist doch zum Ärgern, immer wieder wird der Landser von diesen Herren im Stich gelassen. Das habe ich noch in jeder Stadt erlebt.
Nach längerem Suchen finde ich noch einige Offiziere. Auf meine Frage, ob sie mir den Unterkunftsraum für das Regiment zuweisen könnten, gibt mir ein Hauptmann die Antwort: „Sie können ganz Stuhlweißenburg haben. Wir müssen weg, denn der Russe ist bald in Stuhlweißenburg." Ich kann bloß mit dem Kopf schütteln und lächeln. Was doch diese Herren eine Angst haben!
Erst einmal setze ich eine Aufklärung auf die Höhe 144 an, dann belege ich den Unterkunftsraum. Der Spähtrupp kommt zurück, es konnte kein Feind festgestellt werden.
Schon in den frühen Morgenstunden erfaßt die Troßeinheiten eine gewaltige Unruhe. Der Iwan fährt mit einigen Panzern auf und schon ist der Laden nicht mehr zu halten. Alles haut ab, Munition usw. bleibt liegen. Frauen werden auf den Fahrzeugen mitgenommen. Ich finde einige Offiziere, die sich ihre Schulterstücke abreis-

sen und auf diese Weise versuchen, sich den kommenden Kämpfen zu entziehen. Ja, das sind die Kameraden... (34)
Vom Armeekorps-General bekomme ich den Befehl, alle Ausgänge der Stadt zu sperren und außer Verwundete niemand durchzulassen.
Es sind nicht immer die schönsten Ausdrücke, die die Kameraden von den anderen Wehrmachtsteilen mir als SS-Mann an den Kopf werfen. Dies spottet jeder Beschreibung. Mein Glaube bekommt doch einen kleinen Riß, doch meine Hoffnung ist die, daß das bloß Troßeinheiten sind. Jedoch hart wird der Befehl ausgeführt. Entweder ich bin Soldat, dann tue ich meine Pflicht, wo man mich hinstellt oder ich bin ein Schweinehund und versage überall.
Der Regimentsgefechtsstand wird in einem Villenviertel in Stuhlweißenburg eingerichtet. Gegenüber ist das Museum, allerdings haben die Iwans beim Rückzug alles zerschlagen.
Endlich kommt der Kommandeur, SS-Obersturmbannführer Franz Kleffner. Nach und nach treffen auch die Teile des Regiments ein. Die Bataillone werden zur Sicherung am Nord- und am Ostrand der Stadt eingesetzt. Für meinen Zug gibt es wieder genug Aufgaben. Die Meute hat keine Ruhe mehr, doch es gibt genug zum Organisieren, Kohldampf braucht also keiner zu schieben.
Der Feind kann nun von drei Seiten her bis an den Stadtrand vordringen. Dort zuerst kann er von unseren Teilen aufgefangen werden.
Es ist keine Kleinigkeit, in den Straßenzügen Aufklärung zu fahren, denn die Iwans sind überall. Jede Nacht bin ich unterwegs, um irgendwelche Verbindungen wieder herzustellen. Da nehme ich immer nur einen Melder mit. Mehr als einmal entgehe ich der Gefangenschaft.
1. Februar 1945, heute habe ich Geburtstag: 21 Jahre. Das muß natürlich gefeiert werden.
Mit einem Schwimmwagen fahre ich auf eine Mine und wie durch ein Wunder kommt diese nicht zur Entzündung. Meine Männer gratulieren mir zu meinem „zweiten Geburtstag", das muß „begossen" werden. Eine Gruppe kommt zurück und bringt Likör und Schnaps mit. Nun ist für meine Meute kein Halten mehr, ich über-

nehme keine Garantie. Ich kenne meinen Haufen, doch, wenn ich sie brauche, dann sind sie wieder da. Der Geburtstag ihres Zugführers muß gefeiert werden, das ist ihre Anschauung und da ist die Sache nicht so leicht.

Mein Kopf wird immer schwerer, ich halte mich schon zurück, denn ich muß bestimmt heute noch einige „schwere Sachen" fahren und da brauche ich einen klaren Kopf. Es liegt viel an mir, ob dann einige Männer ihr Leben lassen oder nicht. Allerdings kommen jetzt noch einige Unterführer zu mir zum Zuggefechtsstand. Ich bekomme immer wieder zur Antwort, daß ich der jüngste Oberscharführer im Regiment sei und außerdem würde ich heute großjährig. Parole ist: „Genieße den Krieg, denn der Frieden wird furchtbar!"

Da ist nun nichts zu machen, denn auch ich würde gerne „einen trinken", doch ich bin für meinen Zug verantwortlich, da gibt es keine Entschuldigung, ich hätte Geburtstag gehabt. Mein Gefühl hat mich noch nicht betrogen.

In diesem Rabatz kommt der Melder und holt mich zum Kommandeur. Dem Russen ist es gelungen, die Rollbahn nach Stuhlweißenburg zu sperren, sodaß kein Nachschub mehr nach Stuhlweißenburg kann. Viele Küchen des Regiments werden vom Feind überfallen und ausgeplündert. Manche Aufklärung setzen die Kompanien an, doch keine führt zum Erfolg.

Mein Auftrag ist, mit einer überstarken Gruppe vom Rücken her in die feindlichen Stellungen einzubrechen und seine genaue Stärke festzustellen. Nach Möglichkeit soll ich nach dem verschwundenen Ia des Armeekorps suchen. Bei diesem Auftrag geht mir fast der „Hut hoch", denn ich bin mir über die Stärke des Feindes einigermaßen im Klaren.

Ich muß noch mit meinen Krädern durch den tiefen Schnee fahren, aber in meiner jetzigen „Stimmung" ist alles möglich. Ich nehme meinen Schwimmwagen und noch vier Kräder mit. Aus dem Zug nehme ich nur Freiwillige, aber die ganze Meute will mit. Mit 16 Männern ziehe ich dann los.

Es kommt starker Nebel auf, denn es ist schon 17.00 Uhr. Dieser kann mir nun zum Verhängnis oder auch zum großen Helfer wer-

den. Erst muß ich eine Lücke finden, um hinter die feindlichen Stellungen zu kommen. Beim Bahnhof fahre ich durch, dann noch einige Kilometer querfeldein, nun biege ich nach Norden ab und erreiche die Rollbahn hinter der feindlichen HKL.
Ich befinde mich nun drei Kilometer im Rücken des Feindes. Vorerst stoße ich im Schutze des dichten Nebels weiter nach Süden vor, also tiefer in den Rücken des Feindes. Ich kann kaum zehn Meter weit sehen. Ich bin vor keiner Überraschung sicher.
Ausgeplünderte Kraftfahrzeuge liegen in den Straßengräben und geben mir Zeugnis, daß der Iwan ganze Arbeit geleistet hat. Es ist kein angenehmes Gefühl, so mir nichts dir nichts hinter dem Russen herumzufahren. Nach acht Kilometern erreiche ich wieder eine Bahnlinie. Nun reicht es mir. Ich bin auf keinen starken Feindwiderstand gestoßen. Der Zug macht kehrt und stößt nach Stuhlweißenburg.
Endlich wird mein Kopf wieder ein wenig klarer. Die kalte Luft tut mir gut, denn was jetzt kommt, fordert alle meine Kräfte.
Vor dem Südeingang nach Stuhlweißenburg bildet die Straße einen Hohlweg. Vorher kommt noch ein Bahnübergang, links und rechts stehen Häuser. Brennende Kraftfahrzeuge liegen auf der Straße und dazu noch Iwans in rauhen Mengen.
Mit gedrosseltem Motor fahre ich bis an die Häuser ran. Der Feind kann mich infolge des dichten Nebels nicht bemerken. Beim ersten Haus stehen zwanzig Mann und haben deutsche Uniformen an. Sie wollen nun auf mich schießen. Mir will das gar nicht in den Kopf. Ich rufe ihnen zu, was ihnen denn eigentlich einfällt. Ich stehe aufrecht im Wagen und habe keine Tarnbekleidung an, bin also voll zu erkennen. Da ruft mir einer von ihnen einen bekannten russischen Fluch zu und sagt: „Ja sam ruski Soldat" („Ich bin ein russischer Soldat").
Jetzt beginnt der Zauber. Meine Maschinen sind alle dicht aufgefahren. Nun bin ich aber mit einem Schlag nüchtern. Jetzt heißt es, bloß die Gänge rein und ab durch die Mitte! Wer liegen bleibt, bleibt eben liegen.
„Alle MG's: Feuer frei!" Ich stehe im Wagen, mein Fahrer wird gleich verwundet. Ein Schuß trifft die Windschutzscheibe und die

Glassplitter reißen meinem Fahrer die Augenbrauen und das Nasenbein auf. Blutüberströmt ist sein Gesicht, doch tapfer fährt er weiter. Auch auf den anderen Maschinen gibt es Ausfälle. Ein Absitzen gibt es hier nicht mehr. Alle Fahrzeuge haben mindestens einen kaputten Reifen. Es hilft alles nichts, ich muß hier mit aller Wucht durchstoßen, wenn ich nicht in die Gefangenschaft gehen will.
Der Iwan belegt uns mit starkem MG- und Gewehrfeuer. Er will uns zum Halten bringen. Doch desto besser und verbissener kämpfen meine Männer.
Da höre ich einen Mann rufen: „Oberscharführer, hinsetzen, sonst werden Sie verwundet!" Eine große Zufriedenheit erfaßt mich, ist doch dieser Ruf ein Zeichen dafür, daß meine Männer an mir hängen und ich mich in jeder Lage auf sie verlassen kann. Nun gibt es nur noch ein Vorwärts. Zu allem Pech liegt noch ein Kettenkrad mitten auf der Straße und daneben ein Lkw. Ich komme nicht vorbei! Raus aus den Schwimmwagen und das Krad in den Straßengraben geschoben, ist das Werk weniger Minuten. Ich brauche dazu keinen Befehl zu geben.
Mein Fahrer wird immer blasser. Mit zusammengebissenen Zähnen fährt er weiter. Er will seinen Wagen nicht aus der Hand geben. Zum Glück habe ich keine weiteren Ausfälle mehr.
Mein Fahrer bricht bewußtlos am Gefechtsstand zusammen. Das sind Kradschützen! Wieder einmal kann ich auf diese Jungs stolz sein.
Das ist nun mein 21. Geburtstag, ich kann es fast gar nicht glauben, daß ich dieses Unternehmen gut überstanden habe!
Am nächsten Tag ist Stellungswechsel. Unser Regimentsgefechtsstand befindet sich an der Bahnlinie Stuhlweißenburg – Veszprém. Dem Regiment ist es gelungen, den Russen wieder einige Kilometer zurückzuwerfen. Jedoch noch immer tobt der Kampf um die Rollbahn nach Moha – Sárkeresztes. Hart kämpfen die Kompanien des II./SS-Panzergrenadierregiment 6 „Theodor Eicke" um den Erfolg. Wenige Männer noch zählt das Bataillon, immer wieder treten die Grenadiere zum Angriff an, bis auch diese Rollbahn vom Feind gesäubert ist.

## Durch Mine verwundet

Für meinen Zug gibt es wieder die alten Aufgaben. In der Nacht zum 4. Februar 1945 bekomme ich den Auftrag, einen neuen Gefechtsstand zu erkunden. Das Gelände ist in dieser Gegend sehr mit Minen verseucht. Zum Glück fahre ich mit Scheinwerfer. Da sehe ich schon ein Schild: „Vorsicht Minen!"
Der Fahrer wird ganz ängstlich und nun fahre ich selber. Das soll auch mein Glück sein. Mir bleibt keine andere Wahl, als übers Feld zu fahren. Ich will nun versuchen, von Süden her einen minenfreien Weg zu diesem Ort zu suchen. Mit einem schönen „Zahn" fahre ich durch den tiefen Schnee. Vor dem Straßengraben lasse ich den Unterführer absteigen und nachsehen, ob keine Minen da sind. „Nichts los, Oberscharführer, Sie können weiterfahren", ist seine Antwort. Ich schiebe den Gang rein und gebe Gas, dann weiß ich lange Zeit nichts mehr.
Als ich wieder zu mir komme, sehe ich bloß einen brennenden Wagen stehen, daneben einen stöhnenden Menschen und einer, der herum hinkt, der Unterscharführer L..
Ich liege einige Meter vom Wagen weg, kann mich nicht mehr rühren. Ich habe einen Splitter von der Mine im Ellenbogen. Sämtliche Knochen sind geprellt und schmerzen unheimlich, auch das Trommelfell im rechten Ohr ist geplatzt. Ich kann mich überhaupt nicht mehr bewegen. Nun ist mir alles klar, ich bin auf eine Mine gefahren.
Endlich kommt ein Pkw von der 1. Panzerdivision. Wie ich in das Auto gehoben werde, habe ich das Gefühl, als seien mir alle Knochen gebrochen. Nach einer halben Stunde qualvoller Fahrt kommen wir beim Regimentsgefechtsstand an. Ich bin noch immer halb bewußtlos. Ab und zu werde ich wach.
  Dann sehe ich meine Männer um mich herumstehen, die nicht wissen, was sie machen sollen. Jeder will mir was Gutes tun. Mir wird das Herz so schwer, denn es heißt Abschied nehmen von meinen guten Männern und Kameraden, welche doch so oft für mich durchs Feuer gegangen sind. Die Hälfte des Zuges bringt mich noch zum Hauptverbandplatz. Dann gebe ich meinen Männern

noch einmal die Hand. Ich kann nichts sagen, wie: „Ich komme bald wieder!" Dann bin ich mit meinen Gedanken schon wieder weg.

Vorerst werde ich in Stuhlweißenburg im Hauptverbandplatz eingeliefert. Ich bin immer noch bewußtlos. Alles, was mit mir geschieht, merke ich nur im Halbschlaf. Endlich werde ich operiert. Der Splitter wird entfernt. Ich kann mich nicht bewegen, nicht einmal sitzen kann ich. So werde ich liegend transportiert. Ach, was verfluche ich diese Mine!

Von Stuhlweißenburg geht die Fahrt mit dem Auto nach Veszprém zum Bahnhof. Dort geht es mit dem Zug weiter. Diese Fahrt ist für uns Verwundete nicht angenehm. Die Viehwaggons sind fast überhaupt nicht gefedert, dazu kommen die vielen Luftangriffe. Auf jedem Bahnhof wird eine lange Zeit gehalten, dazu kommt, daß man fast keine Pflege genießt. Ich fühle schon, daß der Krieg bald zu Ende geht.

Erst in den späten Abendstunden des 8. Februar 1945 kommt der Zug am Wiener Nordbahnhof an. Zu allem Pech ist gerade Fliegeralarm. Der Transport kann nicht ausgeladen werden. Es fallen bereits Bomben auf die Stadtmitte.

Ich bin bestimmt viel Schießerei gewohnt, doch ist ein komisches Gefühl in mir. Ich kann mich nicht wehren, bin hilflos, liege im Waggon. Früher, da konnte ich mich dem Feinde zur Wehr setzen, jetzt sind mir beide Hände gebunden. Ach, was habe ich eine Wut auf diese Bomber! Dazu machen die „Wiener" keine Anstalten, uns auszuladen. Alle Sanis haben sich verzogen.

Als Verwundeter ist man doch eben ein armer Mensch, bloß auf die Hilfe der anderen angewiesen; das kommt mir hier so richtig zum Bewußtsein.

22.00 Uhr, endlich werden wir ausgeladen. Mit dem Krankenauto fahren wir zu einigen Lazaretten, ehe ich im „Sächsischen Hof" aufgenommen werde. Na, ich habe vielleicht die Schnauze voll!

Noch in der Nacht wird mein Arm richtig verbunden und geschient, dann werde ich auf ein Zimmer gebracht. Die erste Nacht kann ich nicht schlafen. Habe Fieber, die Wunde brennt, dann paßt mir das Bett nicht.

Meine Gedanken irren immer wieder zu meinem alten Haufen, welcher jetzt bestimmt wieder dran ist. Mir will es gar nicht passen, daß ich einige Wochen im Lazarett zubringen soll, während sich meine Kameraden an der Front nach allen Regeln der Kunst verbluten. Es ist eben Schicksal. Vielleicht hat man es diesmal mit mir gut gemeint?

Ein Tag vergeht nach dem anderen. Die Wunde eitert nicht mehr. Das im Bett liegen paßt mir nicht mehr, jedoch da hilft auch mein Fluchen nichts. Ich kann mich kaum oder nur schlecht bewegen. Zum Glück sind auf meinem Zimmer noch einige Kameraden von meiner Division.

Aus dem Lachen kommen wir überhaupt nicht mehr heraus, die Schwestern schütteln manchmal den Kopf: „Na, das kann bloß wieder die SS sein", ist ihre Antwort. Aber es ist doch schöner, wenn man den Kopf nicht hängen läßt, denn mit Humor geht ja alles besser. Unsere Parole ist: Nichts bereuen, bloß genießen...

Endlich kommt auch für mich die Zeit, wo ich das Bett verlassen kann. Noch am selben Tag hole ich mir eine neue Uniform.

So ein klein wenig Stolz kommt doch in mir auf. Gewiß, es muß jeder einen gewissen Stolz haben, doch muß er immer derselbe bleiben.

Nun gibt es bloß noch „jede Menge Barcelona". Wir von unserem Haufen haben uns schnell zusammengefunden. Wien wird von allen Seiten „begutachtet".

„Genieße den Krieg, denn der Frieden wird furchtbar!", ist immer wieder unsere Anschauung. Wien ist eine schöne Stadt und kann trotz des Krieges von vielem bieten. Obwohl Februar ist, herrscht in Wien schon das schönste Frühlingswetter, „...Frühling in Wien...".

Die Stadt klingt und singt, Wien muß man erst richtig kennenlernen. Ich möchte immer hier bleiben.

Jeden Tag um 11.00 Uhr ist Fliegeralarm. Es ist eine Schande, wie diese schöne Stadt von den Bombern zusammengeworfen wird. - Krieg ist Krieg.

Ich muß nun auch zum Ohrenarzt in Behandlung, aber da hilft nichts mehr. Das Trommelfell ist zerrissen und ich höre auf diesem

Ohr nichts mehr. Doch ich bin froh, daß ich meine anderen Knochen behalten habe.
Nach vierzehn Tagen komme ich zu einer Ambulanten-Kompanie. Diese ist in der „Stift-Kaserne" untergebracht. Hier ist nichts los. Ich habe nichts zu tun, lebe also einen ruhigen Tag.
Eines Tages komme ich zur Behandlung ins Lazarett. Schon der U.v.D. sagt mir, ich solle mich gleich beim Stabsarzt melden. Ich kann mir nicht vorstellen, warum. Ach was, nur hinein in die Höhle des Löwen. Im Zimmer sind noch einige Ärzte und einige Schwestern anwesend.
Was ist denn da los? Ich sehe noch immer nicht klar. Zack, ich melde mich lächelnd, da kommt mir der Stabsarzt entgegen und gratuliert mir. Er überreicht mir eine goldene Uhr mit der Inschrift:
„Für tapferen Einsatz am 1.1.1945
Dein Divisionskommandeur".
Dann noch ein Bild mit der Widmung:
„Meinem SS-Oberscharführer Zährl in herzlicher Kameradschaft
Dein Divisionskommandeur".
Dazu einen schönen Brief und ein Paket mit 300 Zigaretten, Schnaps, Schokolade usw..
Ich kann das alles gar nicht fassen. Es ist mir doch ein Zeichen dafür, daß mein Haufen mich nicht vergessen hat. Der jüngste Mann meines Zuges gab auch was für das Paket, genauso wie mein Chef, mein Regimentskommandeur und mein Divisionskommandeur!
Sehr froh und glücklich bin ich darüber. Das Paket wird nun an alle verteilt, denn jeder soll an meiner Freude teilhaben. Diese schönen Sachen brachten zwei Führer nach Wien.
Ich habe außerdem die Nahkampfspange in Silber am 5. Februar 1945 erhalten - mittlerweile habe ich 48 bestätigte Nahkampftage - und hier im Wiener Reservelazarett XXI F kam noch das Verwundetenabzeichen in Silber am 22. Februar 1945 dazu.
Mein Arm ist noch immer halb steif. Hoffentlich heilt er bald, denn es zieht mich wieder zu meiner alten Kompanie. Langsam bessert sich die Sache. Ich helfe jede Menge nach. Immer wieder gehe ich zum Massieren, nur damit ich noch in Urlaub fahren kann.

## Der letzte Urlaub in meiner Heimat Sudetenland, 1945

Am 7. März 1945 ist es dann soweit. Heute geht's los und hinein in vierzehn Tage Urlaub. Gegen 16.00 Uhr verläßt der Zug den „Franz-Josef-Bahnhof". Über Brünn und Prag geht die Fahrt nach Aussig. Immer näher geht es zur Heimat. Die Räder des Zuges singen immer wieder „Urlaub, Urlaub ...".
In Aussig muß ich umsteigen. Erst spät in der Nacht erreiche ich mit dem Bummelzug den Bahnhof Falkenau. Jetzt erscheint die Zeitspanne von meinem letzten Urlaub bis jetzt gar nicht so lang. Und doch ist schon ein Jahr vergangen. Urlaub, wie oft habe ich von dir geträumt? Dieses Wort gab mir bei den schweren Einsätzen immer wieder Mut und Kraft. Wieviel Schönes und Gutes birgt doch der Urlaub. Es ist wohl das Zauberwort für jeden Soldaten. Endlich bin ich bei meinen Eltern und will diese vierzehn Tage Urlaub genießen. Ein wenig stolz bin ich schon, wenn ich mit meinen Eltern ins Kino gehen kann. Es ist doch ein schönes Gefühl, wenn man sagen kann, ich habe meine Pflicht voll und ganz getan und bin dabei vorwärts gekommen. Jeder muß wohl versuchen, in seinem Leben vorwärts zu kommen, auch wenn es im kleinsten Beruf ist. Ein Hundsfott, wer das nicht kann oder der nicht den Willen dazu hat. Ich hätte mich geschämt, wenn ich zweimal als Rottenführer in Urlaub gekommen wäre.
In meinem Heimatort ist auch nicht viel los, denn die fünf Jahre Krieg machen sich überall bemerkbar. Doch ich bin schon zufrieden, wenn ich bei meinen Eltern sein kann. Einige Tage verbringe ich auch bei meinen Verwandten in Tirschenreuth in der Oberpfalz.
Doch die Zeit rennt dahin und auch dieser Urlaub nimmt ein Ende. Der Abschied von meinen Eltern fällt mir sehr schwer.
Die SS-Panzeraufklärungs-Ausbildungs- und Ersatzabteilung soll nun für die nächste Zeit meine Heimat werden. Der Haufen liegt im Staumühlenlager bei Paderborn. (35) Bis dorthin ist es noch eine lange Bahnfahrt. Oft muß ich umsteigen und viele Male in den

Luftschutzkeller gehen. Über Eger, Plauen, Leipzig und Kassel geht die Fahrt nach Paderborn. Zum Glück erreiche ich dort einen SPW, welcher mich mitnimmt, sonst hätte ich noch siebzehn Kilometer zu Fuß laufen müssen.

Viele alte Bekannte treffe ich bei der Ersatzabteilung Der Empfang ist ein ganz guter. Es macht doch immer wieder Spaß, wenn man sieht, wie die Männer an ihren ehemaligen Vorgesetzten hängen.

Nachdem ich mich beim Bataillon gemeldet habe, komme ich zur Genesendenkompanie. Der Spieß meint, ich könne gleich einen Zug in der Unterführer-Lehrkompanie (ULK) übernehmen. Doch davon will ich nichts wissen, nur so schnell wie möglich zurück an die Front!

Am nächsten Morgen gehe ich zum Bataillon und versuche einen Marschbefehl nach Wien zu bekommen. Auf meinem ärztlichen Zeugnis steht „besserungsfähig nach drei Monaten"; den habe ich eben „verloren".

Zum Arzt sage ich, daß mein Arm schon wieder in Ordnung wäre. Jedoch kann mir der Arzt auch keinen Urlaub bewilligen, da meint der Kommandeur: „Ich gebe Ihnen einen Marschbefehl zur Frontleitstelle nach Wien. Unterwegs dürfen Sie 48 Stunden zu Hause bleiben". Das ist ja genug. Mehr kann man nicht verlangen.

Noch am selben Nachmittag verlasse ich Paderborn. Ich habe mit den Zugverbindungen Glück und nach zwei Tagen kann ich schon wieder meinen Eltern die Hand geben. Meine Mutter kann es kaum glauben, daß ich schon wieder da bin. Doch auch diese zwei Tage vergehen wie im Fluge. Nun heißt es Abschied nehmen!

Ich sollte meine Heimat zum letztenmal sehen, auch meinen Vater sollte ich nie mehr wiedersehen.

All das Schwere hilft nichts, ich muß an die Front, denn dort ist mein Platz. Ich werde meine Pflicht bis zum Letzten tun.

In Aussig erreiche ich noch den letzten Fronturlauberzug nach Wien. Der Elbe aufwärts geht die Fahrt bis zur Mündung der Moldau. Dann geht es weiter über Prag und Brünn nach Wien. Nachts um 22.00 Uhr komme ich an. Hier herrscht schon ein großes Durcheinander. Ich hätte nie geglaubt, daß um diese Stadt einmal der Kampf toben würde.

Ich soll mich bei einem zusammengewürfelten Haufen melden, doch dazu habe ich keine Lust. Ich finde einige Fahrzeuge meiner Division und mit diesen fahre ich zum SS-Panzergrenadierregiment 5 „Totenkopf".

*Ein Funker am Fernsprecher im Graben.*

*Die Entfernungsmesser bei ihrer Arbeit.*

*Ostwärts Warschau, im Raum Siedlce, Radzymin, kommt es im Sommer 1944 immer wieder zu Panzerkämpfen mit den Sowjets.*

*Ostwärts Warschau steht die 3. SS-Panzerdivision „Totenkopf"
im Sommer 1944 im Großkampf gegen die Sowjets.*

*Panzergrenadiere vor einem von ihnen
im Nahkampf vernichteten Sowjetpanzer.*

*Hier wird aus den Schützenpanzerwagen heraus ein sowjetischer Angriff im Sommer 1944 bekämpft.*

*Die 3. SS-Panzerdivision „Totenkopf" kämpft ab Sommer 1944 gemeinsam neben der 5. SS-Panzerdivision „Wiking" ostwärts Warschau. Hier ein Panther der „Wiking".*

*Im vordersten Graben, Franz Arbesser von der 16./SS-Panzergrenadierregiment 6 „Theodor Eicke".*

*Beim Beziehen neuer Stellungen müssen immer wieder Deckungslöcher und Gräben geschaufelt werden. Hier Pioniere der 16./SS-Panzergrenadierregiment 6 „Theodor Eicke", im Sommer 1944.*

*Im Sommer 1944 tobt ostwärts Warschau der Großkampf gegen die sowjetischen Panzermassen. Hier Panzergrenadiere der SS-Panzerdivision „Totenkopf", die sich im Nahkampf gegen Sowjetpanzer bereits ausgezeichnet haben und das Panzervernichtungsabzeichen tragen.*

*Ein SS-Hauptscharführer mit Silberner Nahkampfspange und EK 1 im Gefecht an Bord eines SPW.*

*Schwimmwagen, Schützenpanzer und Panther kurz vor einem Gegenstoß.*

*Die Panther-Abteilungen der Divisionen „Totenkopf" und „Wiking" bringen durch ihre Gegenangriffe immer spürbare Entlastung für die Panzergrenadiere. August 1944.*

*Panzergrenadiere der Division „Totenkopf" erwarten einen sowjetischen Angriff. MG, sowie Stiel- und Eierhandgranaten sind griffbereit. Sie tragen Gesichtstarnschleier.*

*SS-Sturmbannführer Adolf Pittschellis führt von 1943 bis 1945 die SS-Panzerjägerabteilung 3 „Totenkopf" und wurde am 23. August 1944 mit dem Ritterkreuz ausgezeichnet. Als Kommandeur des SS-Panzerregiments 3 „Totenkopf" fiel Pittschellis am 26. Januar 1945 bei den schweren und von Hugo Zährl eindrucksvoll beschriebenen Kämpfen in Vereb in Ungarn.*

*Hugo Zährl verfügt im Sommer 1944 in seinem Kraderkundungszug des SS-Panzergrenadierregiments 6 „Theodor Eicke" über VW-Schwimmwagen und Kräder.*

## Zur Lage

*Nach den schweren Kämpfen bei Stuhlweißenburg griff der Gegner am 16. März 1945 an der Naht zwischen „Totenkopf"-Division und ungarischen Einheiten an und führte diese Angriffe in den folgenden Tagen mit starken Kräften fort. Die Sowjets konnten über die Straße Stuhlweißenburg – Mor nach Westen vordringen, am 20. März 1945 fiel Zährls Regimentskommandeur Ritterkreuzträger SS-Obersturmbannführer Franz Kleffner bei Sárkeresztes. Gegen die mit starker Übermacht ständig angreifenden Massen der Sowjets erlitt die SS-Panzerdivision „Totenkopf" hohe Verluste, zum erstenmal ging die Verbindung der Einheiten untereinander vorübergehend verloren. Zwischen Plattensee und Donau griffen die Sowjets mit 42 Schützendivisionen und sieben schnellen Korps an. Am 21. März 1945 kämpfte die Division „Totenkopf" unter Führung des I. SS-Panzerkorps im Raum Varpalota, später am Nordufer der Raab. Doch die Lage wurde unter dem unaufhörlichen Druck immer schwieriger und am 1. April 1945 kämpfte die „Totenkopf"-Division bereits auf deutschem Boden. Über Ödenburg ging es kämpfend ins Burgenland und Leithagebirge. Rauchenwart konnte durch Gegenangriff zurückgewonnen werden, ein Feindstoß bei Götzendorf an der Leitha wurde gestoppt.*

*Schließlich kämpfte die Division „Totenkopf" um Wien; am 7. April entriß sie den Sowjets nach erbitterten Häuserkämpfen den Ostbahnhof und Teile des Museumsgeländes. Tagelang tobten die erbitterten Abwehrkämpfe in der Großstadt Wien, die Division kämpfte im Prater und im Messegelände und wurde eingeschlossen. Am 13. April 1945 überschritt die letzte Einheit die Reichsbrücke auf das Nordufer der Donau. Über Leobendorf und Korneuburg ging es zurück.*

# Wieder an der Front

Kein Mensch weiß nun, Anfang April 1945, wo der Troß vom SS-Panzergrenadierregiment 6 „Theodor Eicke" liegt. Angeblich in Prehbaum.
Die Division „Totenkopf" ist in viele Teile aufgelöst, denn der Russe ist in Ungarn mit starken Kräften zur Offensive angetreten. Die eigenen Teile kämpfen bereits in Bruck an der Leitha. An vielen Stellen hat der Russe die deutsch-ungarische Grenze erreicht und zum Teil überschritten.
Am anderen Tag fahre ich zum DVA, um von dort mit den Versorgungswagen zu meinem Regiment zu gelangen. Es klappt alles wie an der Schnur. Noch am Abend trifft der Verpflegungstroß ein. Erst spät in der Nacht kommen wir bei der Kompanie an, doch hier herrscht ein Durcheinander. Die Teile machen Stellungswechsel.
Mein alter Melder R. hängt mit seinem Krad an einem LKW im Schlepp. Ich setze mich in den Beiwagen. Er erkennt mich nicht, denn es ist stockdunkle Nacht. Er sagt: „Du blöder Hund, was willst Du in meinem Krad?"
Ich bleibe ihm die Antwort nicht schuldig. So geht es nun eine ganze Weile hin und her. Immer noch hat er mich nicht erkannt. Da sage ich: „Mensch R., Du kannst doch Deinen Zugführer nicht aus dem Beiwagen hinauswerfen!" Jetzt sieht er mich noch einmal an und erkennt mich. Nun beginnt das große Erzählen.
Von meinem Zug ist nicht mehr viel da. Alle Schwimmwagen sind kaputt. Die meisten Männer sind gefallen oder verwundet. Die Division ist bloß noch eine Kampfgruppe. „Es ist gut, daß Sie wieder da sind, Oberscharführer", meint R. zu mir, „denn jetzt wird bestimmt wieder für den Zug gesorgt!"
Am anderen Tag melde ich mich beim Chef. Er kann es fast nicht glauben, daß ich schon wieder da bin. „Du bist bestimmt nur mit lauter Lügen hierher gekommen, denn Dein Arm ist ja doch nicht gesund." Es ist auch tatsächlich so. Vorerst brauche ich noch nicht nach vorne, denn mein Zug besteht ja auch nicht mehr. Ich bleibe z.b.V. beim Troß. Nachmittags wird der Troß in den Raum von Nieder-Rußbach verlegt. Mit Hauptsturmführer Pfister fahre ich

Vorkommando, doch habe ich mir das Quartiermachen schöner vorgestellt. (36)
Es dauert eine lange Zeit, bis ich alles beisammen habe, denn die Einwohner haben immer wieder Ausreden. In der Nacht kommt die Kompanie an.
Die restlichen Teile der Division kämpfen in Wien. Hart und verbissen ist dieser Kampf, der mit den letzten Mitteln geführt wird. Doch ein Teil der Bevölkerung hilft lieber den Feinden wie uns. Besonders wir von der SS haben einen schweren Stand, doch ich will weiter nicht darüber schreiben, denn diese Sache ist ja so gemein.
Sonst lebe ich einen ruhigen Tag. Eines Tages fahre ich mit dem gesamten Vorkommando des Regiments in den Raum von St. Leonhard am Forst, um dort die Troßteile des Regiments unterzubringen. Es gibt fast keine schönere Fahrt, als im blühenden Frühling durch die Wachau zu fahren. Die Strecke von Krems bis Melk muß man kennen. Ach, wir Deutschen haben eine schöne Heimat!
In St. Pölten ist kein Platz mehr. Alle Ortschaften sind belegt. Bei unseren Trossen ist der letzte Schuster und Schneider an der Front, aber hier bei diesen Stäben treiben sich genug Landser herum. Das habe ich schon oft erlebt, man kann daran nichts ändern.
Nach zwei Tagen kommen die Teile des Regiments. Allerdings muß das Regiment im Freien unterziehen.
Ich werde nun als Ordonnanzoffizier bei der kämpfenden Truppe eingesetzt, damit die Trosse bei einer Absetzbewegung rechtzeitig herausgezogen werden können. Eine Kampfgruppe der „Leibstandarte Adolf Hitler" kämpft in St. Pölten.
Es sind schöne Fahrten, die mir immer wieder die Schönheit meines Vaterlandes zeigen. Manchmal glaube ich gar nicht, daß Krieg ist.
Der Troß macht wieder Stellungswechsel nach dem Raum Amstetten, doch schon am anderen Tag kommt das Regiment wieder in den alten Raum von Nieder-Rußbach.
Die Bataillone des Regiments liegen an der Donau zur Sicherung, der Regimentsgefechtsstand befindet sich in Seillern. Ich muß jetzt Spieß machen, doch diese Arbeit gefällt mir nicht. Ich stelle lieber meinen Zug wieder auf. Nach einigen Tagen sind meine sechs Ma-

schinen wieder in Ordnung. Endlich gibt mich der Chef wieder frei und sucht sich einen anderen Spieß. - Ich bin so froh, daß ich wieder nach vorne kann.

Als ich mit meinem Haufen beim Gefechtsstand ankomme, ist schon wieder Stellungswechsel. Das Regiment kommt nach Stockerau. Die Männer sind froh, daß ich wieder den Zug führe, denn bis jetzt hat sich keiner um sie gekümmert.

Ich melde mich bei meinem neuen Kommandeur, Obersturmbannführer Wilhelm Breimaier. (37)

Mir kommt alles so komisch vor, viele neue Gesichter sehe ich. Es ist doch nicht mehr der alte Haufen. Einige Tage später kommt der Gefechtsstand nach Hausleiten.

Für meinen Zug gibt es keine anderen Aufgaben, als Wache zu Stehen, denn der Iwan bleibt ruhig. Nach einigen Tagen ist schon wieder Stellungswechsel. Der Regimentsgefechtsstand kommt nach Kollersdorf. Das Regiment ist Divisionsreserve.

## *Zur Lage am Kriegsende*

*Am 16. April 1945 gliederte die „Totenkopf"-Division ihre zerschlagenen Einheiten im Raum Stockerau – Wiesen neu, ihre Männer erholten sich etwas von den seit 1. Januar 1945 andauernden ununterbrochenen Angriffs- und Abwehrkämpfen. Nördlich der Donau sollte die Division eine Front nach Westen gegen die US-Amerikaner bilden. Ihre Masse lag um Grafenwörth, zwölf Kilometer ostwärts Krems.*

*Im Donautal blieb die Front vor der abgekämpften „Totenkopf"-Division ruhig, bei sonnigem Frühlingswetter kamen die überlebenden Kämpfer wieder etwas zu sich.*

*Das SS-Panzergrenadierregiment 5 „Totenkopf" schlug am 6. Mai 1945 im Raum St. Georgen – Dimbach – Grein eine vorfühlende amerikanische Panzereinheit zurück, die SS-Panzeraufklärungsabteilung 3 brachte die Amerikaner bei Königswiesen zum Stehen.*

*Als am 8. Mai 1945 die Kapitulation einbrach, marschierte die 3. SS-Panzerdivision „Totenkopf" 50 Kilometer nach Westen und er-*

*reichte den Raum Pregarten bei Linz an der Donau. Die dort verlaufende Demarkationslinie wurde von den US-Amerikanern bewacht, die jeden am Überschreiten hinderten. Der Kommandeur der „Totenkopf"-Division, SS-Brigadeführer und Generalmajor der Waffen-SS Hellmuth Becker, wurde von den Sowjets zu Verhandlungen aufgefordert und nicht mehr zu seiner Division zurückgelassen.*
*Am späten Abend wurde die Demarkationslinie von den Männern der Division einfach überschritten und sie marschierten die Nacht durch, bis sie am anderen Morgen Gallneukirchen erreichten. Dorthin hatten die Amerikaner Panzer geschickt, die die Männer der „Totenkopf"-Division auf eine große Wiese befahlen. Dort lagen Tausende von abgekämpften Landsern der „Totenkopf", daneben Männer der Führer-Grenadierdivision, Fallschirmjäger und Polizei. Nachts zogen die Amerikaner immer mehr Panzer um die Wiese zusammen.*
*Tagelang lagen die Männer in der Maihitze auf der Wiese, ohne daß ihnen die Amerikaner etwas Eßbares oder Wasser brachten.*
*Zivilisten, die Wasser zu ihren Landsleuten bringen wollten, wurden verjagt, die Wasserkübel von den Amerikanern ausgeschüttet.*
*Die amerikanischen Soldaten der 11. US-Panzerdivision raubten die gefangenen Deutschen aus, unter Waffengewalt forderten sie Uhren, Ringe und Auszeichnungen. Dabei erzählten die Amerikaner von der bevorstehenden Entlassung.*
*Am Abend des 14. Mai 1945 gab ein amerikanischer Lautsprecher bekannt, daß am nächsten Morgen das Lager geräumt würde und die Männer etwa zehn Kilometer marschieren müßten. Wohl nur wenige ahnten, welche Hinterlist die Amerikaner geplant hatten.*
*Am nächsten Morgen standen die Soldaten der 3. SS-Panzerdivision „Totenkopf", in Marschblöcken zu 500 Mann gegliedert, an der Spitze die Führer, angetreten. Eine unerträgliche Spannung lastete auf den Männern. Sie wußten, daß es nach Verlassen der Wiese und Erreichen der Straße nur zwei Möglichkeiten geben konnte: Nach links in Richtung Linz oder nach rechts, was in Richtung Pregarten und damit zu den Russen bedeutete.*
*Der Marsch begann und führte nach rechts. Die Amerikaner hatten die Männer getäuscht und lieferten sie an die Russen aus!*

*Die Wirkung war niederschmetternd. Auf dem leicht ansteigenden Weg waren manche der abgekämpften Grenadiere bald mit ihren Kräften am Ende. Doch wer versuchte, sich am Wege etwas auszuruhen, wurde von den zwischen den Marschblöcken rollenden amerikanischen Panzern herab erschossen. Amerikanische Scharfschützen, die auf den Panzern saßen, knallten erbarmungslos jeden Deutschen nieder, der vor Erschöpfung und Durst in der Hitze halt machte oder versuchte, durch einen Sprung in den Straßengraben der unvermeidbaren sowjetischen Gefangenschaft zu entrinnen. Dies war ein klares Kriegsverbrechen der Amerikaner an waffenlosen Kriegsgefangenen. Die Schützen gehörten zur 11. US-Panzerdivision (11th Armored Division) unter General H.E. Dager.*

*An dem Straßendreieck vor Pregarten stießen die Männer der Division „Totenkopf" auf die dort wartenden sowjetischen Soldaten und grinsenden Kommissare. Viele hatten mit dem Leben insgeheim schon abgeschlossen, als sie in die Mienen der Sowjets blickten.*

*Auf Wiesen am Bahnhofsgelände von Pregarten sanken die Männer, innerlich völlig niedergeschlagen und entkräftet, nieder. Dort sahen sie den langen Zug ihrer Kameraden eintreffen, immer wieder mußten sie die Schüsse der Amerikaner auf die wehr- und waffenlosen Gefangenen mitanhören.*

*Die in jahrelangen Kämpfen so bewährte 3. SS-Panzerdivision „Totenkopf" hatte man im Einsatz nicht bezwingen können, daher erreichte der Gegner es durch Täuschung und List. Dieser hinterhältigen Vorgehensweise hatten die stets offen und anständig kämpfenden Soldaten nichts entgegenzusetzen.*

*Dadurch wurden die überlebenden Männer der 3. SS-Panzerdivision „Totenkopf" in eine jahrelange sowjetische Gefangenschaft verschleppt, die für Tausende mit dem Tod endete.*

*In den endlosen Lagern der Sowjetunion wurden sie erschlagen, erschossen, wie 1953 ihr Divisionskommandeur SS-Brigadeführer Hellmuth Becker und der Kommandeur des Pionierbataillons, SS-Sturmbannführer Ludwig Schwermann oder starben einsam an Hunger und Entkräftung. Viele kamen erst nach zehn Jahren – 1955 – wieder in ihre Heimat zurück.*

# Kriegsende

Der Feind bleibt weiterhin ruhig. In den Stellungen an der Donau liegt ein ukrainisches Regiment. Mein Zug hat eine gute Unterkunft und Wein gibt es auch in rauhen Mengen. So werden die Tage ganz gut verlebt, aber man merkt, daß es dem Kriegsende zugeht. In den späten Nachmittagsstunden werde ich zum Divisionskommandeur gerufen. Als ich bei ihm ankomme, macht er einen niedergeschlagenen Eindruck. Er sagt zu mir: „Der Krieg ist aus und wir haben ihn verloren!" - Was? Ich kann es gar nicht glauben und doch ist es so. Wir besprechen dann noch viele persönliche Sachen. Er stellt mir frei, was ich machen will. Aber ich werde meinen alten Kommandeur nie vergessen. Ich besorge mir alle möglichen Karten, dann gibt er mir noch einmal die Hand, zum letzten Mal sehen wir uns in die Augen.

Wir werden uns nie mehr wiedersehen, denn mein Kommandeur kam dann in russische Gefangenschaft. Er sagt zu mir: „Mein lieber Zährl, Sie waren mir in den vier Jahren, die Sie bei mir waren, ein guter Unterführer. Denken Sie oft an unsere stolze Division zurück. Es wäre besser, wenn wir im ehrlichen Glauben an den Sieg gefallen wären!"

Noch in der Nacht ist Stellungswechsel. Der Regimentsgefechtsstand kommt nach Felling, denn in der kommenden Nacht ist Waffenstillstand und wir wollen auf keinen Fall zum Russen. Wir versuchen nun immer weiter nach Westen zu kommen. Ich bin dauernd alleine mit der Solomaschine unterwegs, um festzustellen, wo die Amis sind, doch diese Truppen setzen sich auch nach Westen ab.

Mir tun meine Arme so weh, die Handgelenke sind mir schon ganz geschwollen. Aber immer wieder fahre ich zum Bataillon, um neue Einweisungen zu bringen, denn es darf keine Zeit mehr verloren werden. Alle Straßen sind verstopft. Jeder versucht nach Westen zu kommen.

Das Regiment hat den Befehl, sich bis in den Raum Pregarten durchzuschlagen, dort soll die Demarkationslinie sein. In der Nacht kommen wir dort an. Noch bis zum Morgen müssen wir warten, ehe die Verhandlungen aufgenommen werden. Aber wir dürfen

nicht mehr über die Grenze, wir sollen dem Russen ausgeliefert werden. Na, das aber ohne uns.
10. Mai 1945. Der Krieg ist aus, ich kann es kaum glauben. Wir haben den Krieg verloren! Jeder schüttelt darüber den Kopf. Auch meine Männer können es nicht fassen. Immer wieder kommen sie mit den unmöglichsten Fragen zu mir. Und doch ist all das bittere Wahrheit.

## Den Russen entrinnen!

Ich komme mit dem Adjutanten zurück und lasse alle Männer fertigmachen, die den Weg in die Heimat antreten wollen. Meine wenigen Männer sind gleich dabei, denn zum Russen will keiner. Und die anderen, die sich nicht entschließen können, müssen eben dann später den Weg in die russische Gefangenschaft antreten. (37)
Alle Kräder des Erkunderzuges und alle Kraftfahrzeuge des Regimentsstabes werden vernichtet. Jeder der Männer kann nur das Notwendigste mitnehmen. Ich selber habe bloß meine Pistole und den Kradmantel. Ist ja reichlich wenig, aber für den Marsch, der nun folgt, ist es besser so.
Fürwahr, es ist ein trauriges Ende. Zu Fuß müssen wir den Weg in die Heimat antreten. Für viele ist es der Weg ins Ungewisse, denn nur wenige meiner Männer von meinem Zug haben noch eine Heimat.
Mein ehemaliger Fahrer meint zu mir: „Oberscharführer, wissen Sie noch, wie Sie immer sagten, wenn doch jetzt der Krieg aus wäre, dann würde ich gleich zu Fuß nach Hause gehen. Und nun?"
Ich kann das alles einfach nicht fassen. Doch weg mit diesen dummen Gedanken, die rauhe Wirklichkeit erfordert den Mann. Alle Männer meines Zuges habe ich noch bei mir, die viel mehr als in der vergangenen Zeit auf mich sehen. Von mir verlangen sie auf jeden Fall, daß ich nicht versage, daß ich sie nicht in Gefangenschaft führe. Irgendwie erwarten sie von mir eine Entscheidung. Ja und die sollt ihr haben, ihr Männer vom Kradschützenzug. Noch einmal

will ich euer Zugführer sein. Ihr sollt eure Lieben in der Heimat wiedersehen. Der Feind soll euch nicht jetzt schon in die Gefangenschaft schleppen. Und zum Russen wollen wir auf keinen Fall. Meine Männer, noch einmal will ich euer Oberscharführer sein, euer Kradschützenzugführer. Wie oft haben wir doch alle den Namen Kradschützenzug ausgesprochen, viele schöne und harte Stunden verbergen sich hinter diesem Namen.
Gerade jetzt darf ich meine Männer nicht verlassen. Erst wenn die unmittelbare Gefahr der Gefangenschaft vorüber ist, dann werden wir auseinandergehen und uns wohl nie mehr wiedersehen. Jeder wird den harten Weg gehen und seine Lieben in der Heimat suchen, doch an die schweren und schönen Stunden an der Front beim Kradzug werden sie alle immer und immer wieder denken. Mag diese Zeit auch noch so schwer gewesen sein, so hat sie doch für jeden einzelnen viel bedeutet, jeder ist wohl an der Front ein richtiger Mann geworden.
Ich muß an die Bilder denken, die ich meinen Männern schenkte. Darauf schrieb ich: „Die vielen schönen und schweren Stunden, die wir zusammen verlebten, sollen Euch Kradschützen immer in Erinnerung bleiben".
Vorerst marschiere ich mit dem „Haufen" einige Kilometer nach Norden, dann wird die Demarkationslinie überschritten (Bahnlinie Budweis – Enns). Nun geht es nach Nordwesten mit der Marschzahl 17, Ziel ist Tirschenreuth/Oberpfalz. Bis dorthin sind es noch ungefähr 330 Kilometer.
Ohne nennenswerte Zwischenfälle wird die Demarkationslinie überschritten. Leider müssen wir gleich bis zum Bauch durch einen Fluß waten, doch für uns sind das kleine Fische.
Nun geht es quer durch die Berge. Immer wieder müssen wir in Deckung gehen, denn eine Streife jagt die andere. Das macht aber meinen Männern und mir nicht viel aus, denn wir waren ja lange genug Soldat.
Da wir die Uniform noch tragen, ist die ganze Sache noch viel schwieriger. Wir müssen daher sehr vorsichtig sein. Doch alle wollen das schwarze Kleid nicht so schnell ausziehen. Es hängt doch so viel an dem Rock mit den „Totenkopf"-Spiegeln und dem Ärmel-

band „Theodor Eicke", vieles Gute und Schöne. Immer wollen wir zu unserer Sache stehen, so oder so.

Erst in den späten Abendstunden können wir in einem Einödhof Unterkunft finden. Den Haufen habe ich nun in vier Gruppen geteilt. Es ist besser so und die unmittelbare Gefahr der Gefangenschaft ist nun doch vorbei.

Den Händedruck der Männer werde ich wohl nie in meinem Leben vergessen. Aus allen Augen spricht eine gewisse Trauer. Jeder fragt, ob wir uns wohl einmal wiedersehen werden? Das ist der Abschied von meinen Männern, mit denen ich lange Zeit alle Entbehrungen geteilt habe.

Beim Bauern bekommen wir nur mit Mühe und Not etwas zum Essen. Da wir noch die SS-Uniform tragen, ist es natürlich doppelt schwer. Man spart uns gegenüber nicht mit Ausdrücken wie „Kriegsverbrecher" und „Kriegsverlängerer" usw.. Solche bittere Pillen sollte ich noch mehr zur Kostprobe bekommen. Wir haben unsere Jugend und unsere Gesundheit hingegeben, aber in den Augen dieser Zivilisten sind wir bloß SS-Verbrecher. Doch das soll uns nicht aus der Ruhe bringen. Auch diese Zeit geht vorüber.

Die Nacht verbringen wir in einer Scheune. Man gibt uns kaum etwas Stroh zum Schlafen. Erst spät in der Nacht kommt der alte Bauer und führt uns auf den Heuboden und er bringt auch etwas zum Essen mit. Er meint, sein Sohn darf davon nichts wissen, denn er sei ein großer Kommunist. „Hier ist es besser", meint er, „wenn die Streife kommt, dann seid ihr gleich im Wald"; denn der Heuboden hatte eine Türe, durch die man zur Erde herunterkam. Doch wir sind alle so müde, daß wir sämtliche Warnungen in den Wind schlagen und gleich einschlafen.

Bereits um 3.00 Uhr beginnt der Weitermarsch. Immer mit dem Kompaß in der Hand und stur nach Marschzahl 17.

Oft müssen wir bis zum Bauch durch Bäche und Flüsse, weil alle Brücken von Amerikanern besetzt sind. So geht es nun den ganzen Tag über die Berge. Wir halten uns nicht an die Wege, immer geht es querfeldein. Abends dann wieder diese komische Unterkunftssuche. Wir sind noch immer in Uniform. Am dritten Tag werden wir von einer amerikanischen Streife gesucht, denn unsere lieben „Genossen" haben uns verkauft. Bis um 21.00 Uhr müssen wir in dichtem Unterholz liegenbleiben und der Dinge harren, die da kommen. Kein angenehmes Gefühl, wie ein Wild gehetzt zu werden. Ach, es ist alles so maßlos traurig...

Die kommende Nacht wird durchmarschiert. Im Morgengrauen erreichen wir den Böhmerwald: „Heimat wie bist Du so schön...". Und doch muß ich mit einem bitteren Gefühl durch dich marschieren. Verkauft, verraten, vogelfrei, wie ein Verbrecher, das ist nun aus uns Soldaten geworden.

Jahre der Entbehrung liegen hinter uns und nun diese Schmach. Doch weg mit diesem Gedanken. Einmal muß auch für uns wieder die Sonne scheinen.

14. Mai 1945. Kilometer um Kilometer geht es der Heimat entgegen. Zum Glück haben wir noch einige Hundert Zigaretten und bekommen dafür wenigstens etwas zum Essen.

15. Mai 1945. Alles noch beim alten. Von einem amerikanischen Posten werden wir unterwegs angehalten, doch mit unserem „echten" Paß gelingt es uns diesen „Ami" zu überlisten. Das erstemal hat unser Ausweis seine Probe bestanden. Er hat uns noch viel geholfen. Heute gebe ich einem Soldaten den Brief an E. mit nach Amstetten. Der Brief wird auch E. persönlich übergeben.

16. Mai 1945. „Zu was sind die Straßen da ..." - Todmüde fallen wir abends ins Bett. Doch am frühen Morgen geht es schon wieder weiter.

17. Mai 1945. An allen Gliedern zerschlagen, kommen wir in den späten Nachmittagsstunden in Regen an. Doch diesmal ist uns das Glück hold. Wir bekommen ein gutes Quartier und alles, was das Herz begehrt. Es gibt auf jeden Fall „jede Menge Barcelona."

18. Mai 1945. Heute geht das Marschieren wieder viel besser, denn der Humor verläßt uns nicht. Das ist der einzige Helfer in diesen grauen Tagen.

19. Mai 1945. Gegen Mittag erreichen wir die „Silberhütte". Wie viele schöne Stunden habe ich doch hier verlebt. Unwillkürlich muß ich an den Januar 1943 denken. Mondscheinfahrt usw.. Wenn ich doch diese Zeit einmal wieder erleben könnte. Mit meinen beiden Kameraden spreche ich kaum ein Wort, denn das schöne Bild

der Heimat packt mich immer wieder. „Heimat, wann werden wir uns wiedersehen, Heimat wie bist du so schön." Wie oft haben doch die Männer meines Zuges dieses Lied gesungen.
Hier kenne ich jeden Weg und Steg. Das Gefühl des Wiedersehens der Heimat kann ich nicht beschreiben, das muß man selber erleben. Erst wenn man einmal die Heimat lange nicht mehr gesehen hat, kann man ermessen, was sie bedeutet.
Jedoch mein richtiges Zuhause, mein Sudetenland, sollte ich nie mehr wiedersehen...

*In höchster Anspannung steht die Geschützbedienung an der 8,8-Flak.*

Eichenlaubträger SS-Sturmbannführer Erwin Meierdrees, Kommandeur der I./SS-Panzerregiment 3 „Totenkopf", im Oktober 1944 vor einem abgeschossenen Sowjetpanzer. Am 12. Oktober 1944 wurde ihm das Eichenlaub zum Ritterkreuz verliehen.

Walter Mittag, SS-Unterscharführer in der 8./SS-Panzergrenadierregiment 6 „Theodor Eicke".

Mit ihnen ist der Kraderkundungszugführer Hugo Zährl 1944 ständig gemeinsam im Einsatz. SS-Standartenführer Karl Ullrich mit Adjutant Hans Endreß. Als Führer des II./SS-Panzergrenadierregiment 6 „Theodor Eicke" wird Endreß am 23. März 1945 mit dem Ritterkreuz ausgezeichnet.

*Eine abgekämpfte Gruppe Panzergrenadiere der "Totenkopf"-Division. Ihre Gesichter spiegeln die Erschöpfung wieder; jeder hängt seinen eigenen Gedanken nach.*

*SS-Hauptsturmführer Rudolf Ditzenbach, Führer des III./Panzergrenadierregiment 6 "Theodor Eicke", wird am 5. Dezember 1944 im Ehrenblatt des Heeres genannt. Er fiel am 10. Oktober 1944.*

*Als Anerkennung für die Schanzarbeiten der Hitlerjugend im Wartheland überreicht im November 1944 eine Abordnung der SS-Panzerdivision "Totenkopf" an die Hitlerjugend in Posen eine Landsknechtstrommel. Hier der Führer der Abordnung, Ritterkreuzträger SS-Untersturmführer Kurt Franke, Führer 11./SS-Panzergrenadierregiment "Theodor Eicke", am 6. November 1944 auf dem Divisionsgefechtsstand mit SS-Brigadeführer Hellmuth Becker.*

Ludwig König und Wilhelm Röll, zwei in zahllosen Schlachten bewährte Melder des III./SS-Panzergrenadierregiment 5 „Totenkopf" werden im September 1944 mit der Nahkampfspange in Silber ausgezeichnet. Röll wurde am 30. Januar 1945 beim Transport seines beschädigten Krades nahe des Bataillonsgefechtsstandes bei Perenc-myr, 30 Kilometer nordostwärts Stuhlweißenburg, durch Paktreffer schwer verwundet, verlor beide Beine und starb kurz darauf. Für seine mehr als 50 bestätigten Nahkampftage wurde dem SS-Rottenführer posthum am 6. März 1945 die Goldene Nahkampfspange verliehen. Auch Ludwig König erhielt die Nahkampfspange in Gold. Links SS-Hauptsturmführer Christian Bachmann, der als Führer II./SS-Panzergrenadierregiment 5 „Totenkopf" am 28. Februar 1945 das Ritterkreuz erhielt, ganz links SS-Untersturmführer Karl Dietl.

Franz Bimingstorfer, ein junger SS-Rottenführer der 16. (Pionier)/SS-Panzergrenadierregiment 6 „Theodor Eicke", der mit der Nahkampfspange ausgezeichnet worden ist.

Zur Erinnerung an
SS-Unterscharführer
in einem Grenadier-Regiment

**Ritterkreuzträger**

## Lothar Swierzinski

Inhaber des Eisernen Kreuzes 1. und 2. Klasse, des Sturmabzeichens, des Verwundetenabzeichens, der Ostmedaille, sowie anderer Auszeichnungen

der am 29. Oktober 1944 bei den schweren Abwehrkämpfen im Osten, im 23. Lebensjahre, den Heldentod für Führer und Vaterland fand.

Besitz stirbt,
Sippen sterben,
Doch ewig lebt
Der Toten Totenruhm.

*Ritterkreuzträger Lothar Swierzinski fällt am letzten Tag der dritten Abwehrschlacht um Warschau, am 29. Oktober 1944, bei Legionowo. Er war erst acht Tage zuvor nach seiner vierten Verwundung aus dem Lazarett zurückgekommen und hatte sofort wieder seinen Zug in der 10./SS-Panzergrenadierregiment „Totenkopf" übernommen. Das Ritterkreuz war ihm am als SS-Rottenführer am 16. Dezember 1943 verliehen worden.*

*Hans Weiser wird am 4. November 1944 mit der Nahkampfspange in Gold und am 13. Januar 1945 mit dem Deutschen Kreuz in Gold ausgezeichnet. Er war Zugführer in der 7./SS-Panzergrenadierregiment 6 „Theodor Eicke".*

*Ab Januar Februar 1945 steht SS-Oberscharführer Hugo Zährl in schweren Angriffskämpfen gegen die Sowjets in Ungarn. Es geht zum Entsatzangriff auf Budapest.*

Zährls neuer Regimentskommandeur wird SS-Obersturmbannführer Franz Kleffner. Ab Oktober 1944 erteilte er dem Autor oft die direkten Einsatzbefehle. Kleffner fällt am 20. März 1945 in Sárkeresztes in Ungarn. Als Kommandeur des SS-Kradschützenbataillons „Totenkopf" war ihm am 19. Februar 1942 im Kessel von Demjansk das Ritterkreuz verliehen worden.

Hugo Zährls Regimentskommandeur Eichenlaubträger Karl Ullrich übernimmt am 9. Oktober 1944 die Führung der 5. SS-Panzerdivision „Wiking".

Georg Joachim wird als SS-Oberscharführer und Kompanieführer der 7./SS-Panzergrenadierregiment 6 „Theodor Eicke" am 4. November 1944 mit der Nahkampfspange in Gold und am 13. Januar 1945 mit dem Deutschen Kreuz in Gold ausgezeichnet.

*„Panther" der 3. SS-Panzerdivision „Totenkopf" im Angriffsunternehmen in Ungarn, 1945.*

*Panzergrenadiere nehmen im Graben vor sowjetischem Artilleriefeuer Deckung. Ungarn, im März 1945.*

*SS-Hauptsturmführer Heinz Müller wurde am 6. März 1945 mit der Nahkampfspange in Gold, am 30. März 1945 mit dem Deutschen Kreuz in Gold und am 23. März 1945 posthum als Führer III./SS-Panzergrenadierregiment 6 „Theodor Eicke" mit dem Ritterkreuz ausgezeichnet. Er fiel am 17. März 1945 bei Stuhlweißenburg.*

*Gerhard Capteina, Melder der 16. (Pionier)/SS-Panzergenadierregiment 6 „Theodor Eicke", gefallen am 20. März 1945 in Stuhlweissenburg in Ungarn.*

## Wieder zu Hause

Endlich, nach zehn Tagen, haben wir Tirschenreuth in der Oberpfalz erreicht. Hier habe ich Verwandte. 330 Kilometer habe ich in diesen zehn Tagen zurückgelegt! Hier hat es sich gezeigt, wer ein ganzer Kerl ist. Ich habe auf jeden Fall die Genugtuung, daß ich meine Männer nicht im Stich gelassen habe.
Wenn das Leben nun auch einen schlechten Eindruck macht, werde ich nie den Kopf hängen lassen. Es muß eben wieder jeder mithelfen, das Neue aufzubauen. Man muß ein guter Deutscher sein, denn Feigheit stirbt zuerst!
Gegen 18.00 Uhr komme ich bei meinem alten Chef an. Er ist sehr erstaunt, daß ich schon wieder da bin, aber das ist mir doch egal. Ich will, das heißt meine beiden Kameraden auch, wieder vernünftig essen, uns waschen und dann schlafen. Das brauchen wir nun nach dem langen Marsch. Die erste Nacht schlafen wir wie erschlagen.
20. Mai 1945. Heute ist der Tag. Wir müssen uns anmelden. Mit gemischten Gefühlen gehen wir zum Meldeamt. Doch bloß hinein, dem Mutigen gehört die Welt. Nach einer halben Stunde ist alles in bester Ordnung, wir haben die nötigen Ausweispapiere. Wenn wir noch ein wenig Glück haben, dann können wir vielleicht die Freiheit noch einige Zeit genießen. Voll und ganz bin ich mir darüber im Klaren, das ich eines Tages doch verhaftet werde.
Abends wird dann bei meiner Tante Wiedersehen gefeiert. Es gibt sogar Schnaps und Zigaretten. Diese Feier werde ich wohl nicht so schnell vergessen. Es ist uns „Landsern" ein Zeichen dafür, daß man auch noch an uns denkt. Immer wieder frage ich, wo die Mädel diese Sachen her haben, bekomme aber nie eine Antwort. Soll mich ja auch weiter nicht kümmern. Ich bekomme bloß als Antwort: „Sei ruhig und doch froh, daß Du den Krieg überstanden hast. Du sollst bloß froh und glücklich sein!" Na, das braucht man mir nicht zweimal sagen. Auf jeden Fall kommt diese Feier noch ganz schön in Schwung. Froh gestimmt und mit einem freudigen Gefühl im Herzen gehe ich nach Hause. 21. Mai 1945. Pfingstmontag ist heute. Ein herrliches Wetter, blauer Himmel, die Sonne

lacht. Was gibt es da schon anderes, als zum Baden zu gehen? Im „Hohenwalder" wird sich nach Herzenslust wieder einmal ausgetobt. Der See ist zum Baden geschaffen, man hat alles, was das Herz begehrt. Berge, Wald, Sonne, Liegewiesen und auch die versteckten Plätze fehlen nicht. Erst bei Sonnenuntergang gehen wir vier nach Hause. Abends dann bald ins Bett, denn morgen beginnt die Arbeit.

22. Mai 1945. Mein alter Chef freut sich, daß ich wieder da bin, denn er hat ja niemand, der ihm auf seinem Hof hilft. Auf mich kann er sich verlassen, denn ich habe schon drei Jahre hier gearbeitet und kenne somit jedes Feld. Er braucht mir nur die Arbeit zu verschaffen und schon wird sie ausgeführt. Doch er hat Angst, daß ich bald verhaftet werde. Mich läßt das kalt, denn darüber bin ich mir schon lange im Klaren.

Die Arbeit macht mir wieder richtig Spaß, ist es doch einmal etwas anderes, als an der Front dauernd mit der Schnauze im Dreck zu liegen.

Wie oft bin ich doch hier über die Felder und Fluren geschritten, habe hier geackert und gepflügt, habe den Schollen nachgesehen, wie sie sich langsam und immer wieder umdrehten, genauso wie das Leben.

Wie oft bin ich über die Fluren gewandert, im Sommer, wenn sie die reife Frucht trugen, im Herbst, wenn der Wind über die Stoppeln fegte, im Winter, wenn die Frucht dem Kommenden unter der Schneedecke entgegenharrte und im Frühling, wenn alles zu neuem Leben erwachte.

Kein anderer Mensch kann sich so zur Natur hingezogen fühlen, wie gerade der Bauer. Denn er lebt und fühlt mit der Allmacht der Schöpfung.

Vier Jahre sind schon vergangen, seit ich auf diesem Hof arbeitete und doch ist es mir so, als wäre es gestern erst gewesen.

Wie ich hier wieder so hinter dem Pflug hergehe, da kommen mir die Gedanken an das Leben an der Front. Wie ganz anders waren doch die Tage. Wie oft habe ich dem Tod ins Auge gesehen, wie viele Kameraden sind an meiner Seite gefallen. Ja, das waren Kameraden im besten Sinne des Wortes, denn sie wurden im Schreien der Granaten geboren. Wenn die Männer auch untereinander manchmal unzufrieden waren, aber dann, wenn einer ihrer Kameraden verwundet liegen blieb, dann holte ihn jeder raus. Das sind Kameraden. Kameradschaft kann man nicht mit leeren Worten beweisen, da gehört schon etwas anderes dazu.

Wie schnell sind doch die Tage an der Front vergangen. Gehetzt von einem Tag zum anderen, von einer Gefahr in die andere gejagt, immer wieder unser Leben eingesetzt! Nun aber soll das alles nichts mehr zählen? Ich kann das nicht begreifen.

So vergeht ein Tag nach dem anderen. Abends treffe ich mit meinen Kameraden zusammen. Immer wieder tauchen dann die Worte auf: „Du, weißt Du noch damals bei XY?"

In diesen Tagen erlebe ich so manche Enttäuschung. Nie hätte ich gedacht, daß sich viele Deutsche so schäbig benehmen würden.

## Im Lager

5. Juni 1945. Vormittags will ich mit dem Fahrrad in die Stadt fahren, nach Tirschenreuth.

Gerade als ich den Hof verlassen will, kommt ein Hilfspolizist und verhaftet mich. Er fragt mich, ob ich der und der sei und ob ich bei der SS gewesen bin. Für mich gibt es für beide Fragen nur ein „Ja". Unterwegs gelingt es mir noch den Polizisten zu überlisten und meine Privatsachen wegzubringen. Der Zufall kommt mir auch hier zur Hilfe, ich fahre mit meinem Fahrrad einen Platten und der Polizeimann muß mich nun mein Fahrrad wegbringen lassen. Dadurch habe ich gewonnenes Spiel.

Dann werde ich zur Militärregierung gebracht und werde dort von einem Juden verhört. Er fragt mich nach allem Möglichen und Unmöglichen. Es ist eben die alte Hetze wieder. Doch mich bringt das alles nicht aus der Ruhe.

Anschließend komme ich in das Gefängnis. Ich habe wieder Glück und kann noch einige Minuten zu meinen Verwandten gehen. Es ist doch ein anderes Gefühl, in so einer Zelle zu sein. Nie in meinem Leben dachte ich daran, mit einem Gefängnis Bekanntschaft zu machen. Der Gefängniswärter legte uns gegenüber einen Ton an den Tag, an dem alles dran ist. Doch von diesen Herren ist ja nichts anderes zu erwarten.

Zuerst komme ich in eine Einzelzelle. Gegen Abend komme ich in den Gemeinschaftsraum. Hier ist es weit angenehmer. Das Essen ist an sich ganz gut, der ganze „Zauber" macht mir nicht viel aus. Die Schlafstellen sind mir aus meiner Soldatenzeit gut bekannt. An der Front hatten wir viel größere Entbehrungen. Aber die Freiheit fehlt eben.

Wir Nazis müssen nun jeden Tag arbeiten, das heißt, niedere Arbeiten wie Straßenkehren usw.. Doch damit kann man mir meine Anschauungen auch nicht rauben. Erst muß man mir was Besseres zeigen können, dann kann ich erst an die „neue Zeit" glauben.

So vergeht ein Tag nach dem anderen. An einem Mittwoch, Datum weiß ich nicht mehr, kommen wir mit zehn Mann in das Gefängnis von Weiden. Hier gibt es bloß eine Zelle für fünf Mann, aber trotz allem bleibt eine soweit gute Stimmung. Viele von der SS sind hier, welche unterwegs verhaftet wurden. Auch eine Bekannte von meinem alten AK treffe ich wieder.

Nach einigen Tagen werden wir SS-Männer auf einen LKW verladen und kommen nach Cham/Bayerischer Wald. Die Fahrt durch den blühenden Sommer ist sehr schön, aber leider ist es eine Fahrt in die Gefangenschaft.

In Cham müssen wir in einem alten Flugzeugschuppen übernachten. Ein Jude und einige Polen, die einmal im KZ waren, bewachen uns.

Alles, aber auch alles, wird uns hier abgenommen. Dabei stehen die Amerikaner und sehen lächelnd zu, wie wir unserer letzten Habe beraubt werden. Na, mir reicht es wieder.

Diejenigen Völker, welche uns die sogenannte Kultur bringen wollen, benehmen sich so schäbig. Uns macht man deswegen die größten Vorwürfe und selber tut man es wieder.

Unter uns ist ein alter KZ-Häftling, welcher acht Jahre in Buchenwald war. Auch er wird von seinen Leidensgenossen genau so dreckig behandelt wie wir. Im Gegenteil, mit ihm springt man noch

schlimmer um. Alle nur erdenklichen möglichen Schikanen werden für ihn ausgesucht. Man wirft ihm vor, er hätte 700 Juden umgebracht. Doch die Bewachung spart auch uns gegenüber nicht mit Beschimpfungen aller Art.
Am nächsten Morgen geht dann die Fahrt weiter. Ziel ist Moosburg/Oberbayern. Auf dem LKW ist es alles andere als angenehm, denn wir sind dort mit 60 Mann. Zu allem Pech verfährt sich der Ami immer wieder, wodurch die Fahrt noch viel länger dauert.
Endlich, in den späten Nachmittagsstunden kommen wir in Moosburg an. (38) Zuerst geht es ins Vorlager. Die tollsten Parolen geistern durch das Lager, von einer Entlassungskommission usw.. Doch diese Tour kennen wir Soldaten ja zur Genüge. Sie kann also nur die Unerfahrenen aus der Ruhe bringen und diejenigen, die während des ganzen Krieges zu Hause waren. Das Essen ist unter aller Kanone, eine Scheibe Brot und hundert Gramm Sauerkraut.
Das Vorlager ist überfüllt. Fast keiner hat eine Decke und so schlafen wir auf dem Fußboden. Für mich und meine Kameraden ist das ja nichts Ungewohntes, denn es ist kaum das erstemal, daß wir mit der Erde Bekanntschaft machen. Aber trotzdem ist es in der Nacht schon kalt, denn der Körper ist ja auch nicht mehr so widerstandsfähig.
Doch auch diese Nacht geht vorbei. Mit meinen Kameraden teile ich die eine Decke, es ist ein maßlos trauriges Bild.
Am anderen Morgen werden wir ins Hauptlager eingeschleust. Hier wird uns wieder alles abgenommen, das heißt denjenigen, die noch etwas haben. Zum Glück aber habe ich nichts als ein Handtuch und meine hundert Mark bringe ich gut durch. Es ist eine Schande, wie sie größer nicht mehr sein kann. Dann geht es ins Hauptlager. Hinter mir schließt das Tor. Für wie lange? Wer kann mir darauf eine Antwort geben? Niemand und ich am allerwenigsten.
Wenn ich heute zurückdenke, so sind es schon 19 Monate und noch immer keine Lichtblicke, kein Schimmer auf die Tage der Freiheit.
Die Unterkünfte sind sehr schlecht. Das Lager ist ein ehemaliges Kriegsgefangenenlager (Stalag VII-A). Alles haben die Kriegsgefan-

genen zerschlagen. Kein Fenster ist mehr in den Baracken, kein Tisch, kein Stuhl, es ist einfach trostlos.
Essen gibt es, wie es schlechter nicht mehr sein kann. Früh einen dünnen Kaffee und mit sechs Mann ein Brot. Am Nachmittag eine Wasser- oder Zwiebelsuppe, dann ist der Traum zu Ende. Es gibt keine Arbeit und nur sehr langsam schleichen die Stunden dahin. Immer noch sehe ich die Gestalten vor mir, wie sie im Lager „herumschleichen". Kaum, daß sie noch die wenigen Treppen zur Latrine hochgehen können. Ach, was ist es doch ein Elend.
Gut kann ich mich noch jener Bilder erinnern, wie alles in einer furchtbar gedrückten Stimmung war, als es mit einer Konservenbüchse zum Essen ging. Das muß man alles selber erlebt haben, sonst kann man sich kein Bild davon machen.
Arbeitskommandos gibt es auch fast keine und die wenigen werden von den „Kameraden" besetzt. In den Küchen arbeiten alle Ausländer und ehemalige KZ'ler, wenn sie nicht irgendwo auf dem Schwarzen Markt ihren Erwerb suchen. Alles weitere kann man sich ja denken. Jede Menge Schiebung. Man kann es kaum in ein Tagebuch schreiben.
Endlich, im September ändert sich unsere Lage zusehends. Ich kann nun im Waldkommando mitarbeiten. Es gibt eine gute Verpflegung, leider werden wir dann wieder abgelöst, denn man fürchtet die Fluchtversuche der SS. Im allgemeinen hat man große Angst vor den Angehörigen der SS.
Herrliche Tage verlebe ich im Waldkommando. Es ist ein sehr schöner Herbst. Mit den LKW fahren wir jeden Tag um 7.00 Uhr in den Wald und erst um 17.00 Uhr wieder zurück. Unvergleichlich schön sind diese Tage. Ich kann leider diese Stimmungsbilder nicht mehr so schildern, denn man vergißt unter dem Eindruck des vielen Anderen diese Sachen. Auf jeden Fall brachten mir die Tage des Waldkommandos viel Abwechslung in die graue Gefangenschaft.
Die Zeit vergeht wie im Fluge, denn ich habe ja den ganzen Tag meine Beschäftigung. Anfang November fange ich bei der Bürgermeisterei im Büro zu arbeiten an. So bekomme ich auch ein Bild von der Selbstverwaltung des Lagers.

Weihnachten! Fürwahr, es ist eine sehr traurige Weihnacht. Es ist wohl in meinem Leben das trostloseste Weihnachtsfest, das ich bis jetzt erlebte. Der Bürgermeister des Lagers hält eine Ansprache. Ich kann mich noch an seine Worte erinnern, wie er sagte: „... und trotzdem wollen wir deutsche Weihnachten feiern."
Die Frauen des Lagers stehen mit weinenden Augen unter den Lichtern des Christbaumes. Mir selbst wird so traurig und schwer ums Herz. Meine Gedanken gehen zurück an die Weihnachten an der Front. Wie ganz anders waren doch die Tage. Gewiß, es war auch eine harte Zeit, aber jeder hatte ein Ziel. Wo werden meine Eltern sein? Mein Vater ist in einem Lager in der Tschechei. Alles ist eine große Ungewißheit.
Nach der Weihnachtsfeier dürfen die Männer in den Frauenblock. Na, das ist vielleicht ein Durcheinander. Ich bin froh, als die Feiertage wieder vorbei sind.

## 1946

Ende April 1946 unternehmen zwölf SS-Männer einen Fluchtversuch, welcher auch glückt. Durch einen Kanal verlassen sie das Lager.
Am nächsten Tag wird die gesamte SS in einen Block zusammengezogen. Doch erreicht man damit gerade das Gegenteil, denn die Kameradschaft wird dadurch noch größer. Die Barackenbelegschaften marschieren von nun an immer singend zum Baden. Na, uns kann man eben nicht unterkriegen.
Eines Tages wird eine Holländerin angeschossen. Es hätte nicht viel gefehlt und der polnische Posten wäre von den SS-Männern vom Turm geholt worden. Doch es war gleich eine amerikanische Streife da, die den Posten abholt. Dieser Vorfall bringt das Lager in helle Aufruhr. Es ist ja auch kein Wunder, denn die Polen schießen immer wie die Irren durch die Gegend.
9.11.1946. Nachmittags habe ich Dienst in der Vermittlung. Ich denke an den 9. November 1944. Das waren noch andere Zeiten.
19.11.1946. Heute bekam ich Bescheid, daß mein Verfahren aufgrund der Jugendamnestie eingestellt wurde. Hoffentlich klappt nun meine Entlassung, doch ich glaube nicht daran.

Gestern Nacht hat sich ein Mann aufgehängt. Nervenzusammenbruch. Er war Vater von fünf Kindern. Abend bis 21.00 Uhr Dienst in der Vermittlung.

7.12.1946. Es herrscht hier eine sehr gereizte Stimmung im Lager. Besonders in der Baracke ist es schlimm. Es ist auch kein Wunder, Menschen werden eingesperrt, die nie etwas verbrochen haben. Draußen gehen viele Familien zu Grunde, während die Männer in die Lager gebracht wurden, um angeblich eine Schuld abzubüßen. Man spricht von einer politischen Meinungsfreiheit, kann aber nicht verstehen, daß wir eben auch eine Meinung haben. Ich habe schon oft über all das nachgedacht und komme wieder zu dem Entschluß, daß es nur die Angst sein kann, weswegen man uns einsperrt.

24.12.1946. Heiliger Abend. Mir will das alles nicht in den Kopf, denn nun ist es schon das zweite Mal, das ich diesen schönen Tag hier im Lager feiern muß. Es gibt wohl nichts Traurigeres, als das schönste aller Feste in der Gefangenschaft, hinter dem Stacheldraht feiern zu müssen.

Meine Gedanken gehen zurück an eine schönere, stolzere Zeit, an die Tage an der Front. Waren sie auch hart, aber jeder hatte sein Ziel. Nun ist alles so traurig. Doch ich darf gar nicht mehr zurückdenken; mir wird das Herz so schwer.

# Epilog

Nach zwei Jahren Gefangenschaft im Internierungs- und Arbeitslager Moosburg wurde Hugo Zährl vor die „Spruchkammer" gestellt. Dort wurde sein Lebenslauf überprüft und durchleuchtet. Gnädigerweise wurde ihm „Jugendamnestie" gewährt und er wurde am 15. April 1947 entlassen.

Die Rückkehr in seine geliebte sudetendeutsche Heimat blieb jedoch Hugo Zährl verwehrt, da die Tschechen die dort seit Jahrhunderten lebenden Deutschen ab 1945 aus ihrer Heimat vertrieben hatten.

Dreimal im Felde verwundet, mit der Ehrenblattspange des Deutschen Heeres, dem EK 1 und der Nahkampfspange in Silber ausgezeichnet, kehrte Hugo Zährl wieder in das zivile Berufsleben Deutschlands zurück. Er fand nach seiner Entlassung auch bald Arbeit, gründete danach eine Familie und erarbeitete sich ein gutes Auskommen.

Zu seinen Kameraden der 3. SS-Panzerdivision „Totenkopf" nahm er wieder Verbindung auf und traf sich oft mit ihnen, außerdem war er in den Reihen seiner örtlichen HIAG (der Hilfsgemeinschaft auf Gegenseitigkeit der Soldaten der Waffen-SS) aktiv und nahm an deren Zusammenkünften teil.

Hugo Zährl ruhte in der Kameradschaft und der Anerkennung seiner Frontkameraden, war vielseitig interessiert und vertrat bis zu seinem Tode seine geradlinige, naturgesetzliche Weltanschauung.

Das Soldbuch von Hugo Zährl.

SS-Soldbuch
zugleich Personalausweis

Nr. ......

für

..... SS-Unterscharführer/
(Dienstgrad)

(Feldwebel)
ab 1. 11. 1944. SS-Oberscharführer
  (Datum)                    (neuer Dienstgrad)
ab
ab

Hugo Zährl
(Vor- und Zuname)

SS-Pz. Gr. Rgt. 6 "Eicke"
- 18 -
Beschriftung und Nummer der
Erkennungsmarke ..............

Blutgruppe ......... O

Gasmaskengröße ..... 2

Wehrnummer ..............

Vordruckverlag W. F. Mayr, Miesbach 15277

geb. am 1.2.24 in Haberspirk
(Ort, Kreis, Prov.-Bezirk)

Religion röm. kath. Stand, Beruf Bauer

**Personalbeschreibung:**

Größe 176
Gesicht oval
Bart kein
Gestalt mittel
Haar braun
Augen ... grau

(Besondere Kennzeichen (z. B. Brillenträger): keine

Schuhzeuglänge 42   Schuhzeugweite 5

_Hugo Zährl_
(Vor- u. Zuname, eigenhändige Unterschrift des Inhabers)

Die Richtigkeit der nicht umrandeten Angaben auf Seite 1 und 2 und der eigenhändigen Unterschrift des Inhabers wird hiermit bescheinigt.

den 23.9.1944

(Dienstgrad) (Dienststempel) 3. Gren.Rgt.

---

Eintragungen, die SS-Untersturmführer Friedrich Rave,
der Nachrichtenführer des Regiments „Theodor Eicke" beglaubigt.

---

A. Zuletzt zuständige Wehrersatzdienststelle: _____

B. Zum Feldheer abgesandt von:

| | Ersatztruppenteil | Kompanie | Nr. der Truppenstammrolle |
|---|---|---|---|
| a | | | |
| b | | | |
| c | | | |

C.

| | Feldtruppenteil | Kompanie | Nr. der Kriegsstammrolle |
|---|---|---|---|
| a | H Pz.Gren.Rgt 6 | Stab/Kp | |
| b | Theodor Eicke | | |
| c | | | |

D.

| | Jetzt zuständiger Ersatztruppenteil | Standort |
|---|---|---|
| | H-Pz. Aufkl.E.Abt.1 | Truppenlager |

**Anschriften der nächsten lebenden Angehörigen**

des Hugo Zährl
(Vor- und Zuname)

1. Ehefrau: Vor- und Mädchenname _____
(ggf. Vermerk „ledig")
Wohnort (Kreis) _____
Straße, Haus-Nr. _____

2. Eltern: des Vaters, Vor- und Zuname Franz
Zährl, Haberspirk
Stand oder Gewerbe _____
der Mutter, Vor- u. Mädchenname _____
Wohnort (Kreis) Haberspirk
Straße, Haus-Nr. Falkenau, Eger.

3. Verwandte oder Braut:
Vor- und Zuname _____
Stand oder Gewerbe _____
Wohnort (Kreis) _____
Straße, Haus-Nr. _____

## Mitgegebene Bekleidungs- und Ausrüstungsstücke

(nur bei Abgängen vom Ersatzheer zum Feldheer, sowie Abgängen vom Feldheer — ausgenommen Verwundung u. plötzl. Erkrankung — ausfüllen)

| Grund (z. B. Urlaub, Ersatz ins Feld, Kommando, Versetzung usw.) | Zeit | | | Stahlhelm | Feldmütze | Bluse ob. Feldjacke (Zahl.) | Unterrock | Tuch-, Reit- ob. Feldhose (Zahl.) | Schnür-/Reitstiefel | Schnürschuhe | Braunhemd | Unterhose | Wollmantel | Kopfkühler | Socken | Binden | Feldschuhe | Handschuhe | Truppenteil Unterschrift z. B. Kompanie usw. Führer oder Zahlmeister oder Unteroffizier f. Bekleidung |
|---|---|---|---|---|---|---|---|---|---|---|---|---|---|---|---|---|---|---|---|
| | Tag | Monat | Jahr | | | | | | | | | | | | | | | | |
| Reserve-Lazarett XVII Wien II/27. Lobor[...] | 8 | 6 | 48 | | | | | | | | | 1 | | | | | | | O.Gfr. Vank |
| [...] | | | | 1 | 1 | 1 | | 1 1 1 | 1 | | | | | | | | | | W. Zug |

---

## Mitgegebene Bekleidungs- und Ausrüstungsstücke

(nur bei Abgängen vom Ersatzheer zum Feldheer, sowie Abgängen vom Feldheer — ausgenommen Verwundung u. plötzl. Erkrankung — ausfüllen)

| Grund (z. B. Urlaub, Ersatz ins Feld, Kommando, Versetzung usw.) | Zeit | | | Manteleriemen | Kochgeschirrriemen | Zeltbahn | Zeltstock | Zeltpflock | Zeltleine | Kopfkissen | Bekleidungsack | Stahlhelmkinnriemen | Seitengewehrtasche | Patronentasche | Tragegurt zur Feldbluse | Drahtleitenhaken | Unterhemd weiß | Truppenteil Unterschrift z. B. Kompanie usw. Führer oder Zahlmeister oder Unteroffizier f. Bekleidung |
|---|---|---|---|---|---|---|---|---|---|---|---|---|---|---|---|---|---|---|
| | Tag | Monat | Jahr | | | | | | | | | | | | | | | |

## Besondere Bekleidungsvermerke
(z. B. Antrag der Feldeinheit auf Umtausch von Sachen usw.)
Nach Erledigung vorseitige Eintragungen in rot ändern.

## Besitznachweis über Waffen und Gerät:

| Waffen- oder Gerätart | Fertigungs- | | Tag des Empfangs | Namens- zeichen des Gerät- verwalters |
|---|---|---|---|---|
| | Zeichen | Nummer | | |
| Gewehr | | | | |
| Pistole | Ital. 9 mm | 504204 | 1.11.44 | B. |
| Seitengewehr Säbel | | | | |
| Marschkompaß | | | | |
| Doppelfernrohr | | | | |
| Klapphacke | | | | |
| Spaten | | | | |
| Klauenbeil | | | | |

Ohne Waff ins Lag.

## Besitznachweis über Waffen und Gerät:

| Waffen- oder Gerätart | Fertigungs- | | Tag des Empfangs | Namens- zeichen des Gerät verwalters |
|---|---|---|---|---|
| | Zeichen | Nummer | | |
| Drahtschere | | | | |
| Reinigungs- gerät 34 | | | | |
| Gasmaske | | | | |
| Maskenbrille | | | | |
| Watte u. Vase- line (Tube) (für Trommelfell- verletzte) | | | | |
| Dienstarm- banduhr | D 8403036 H | | | Bau |

## Besitznachweis über Waffen und Gerät:

| Waffen- oder Gerätart | Fertigungs- | | Tag des Empfangs | Namens- zeichen des Gerät- verwalters |
|---|---|---|---|---|
| | Zeichen | Nummer | | |

## Besitznachweis über Waffen und Gerät:

| Waffen- oder Gerätart | Fertigungs- | | Tag des Empfangs | Namens- zeichen des Gerät- verwalters |
|---|---|---|---|---|
| | Zeichen | Nummer | | |
| | | | | |
| | | | | |
| | | | | |
| | | | | |
| | | | | |
| | | | | |
| | | | | |
| | | | | |
| | | | | |
| | | | | |

16

## Impfungen

| | | | | | |
|---|---|---|---|---|---|
| am ....<br>a) Pocken<br>Erfolg | | | | | |
| am ....<br>b) Typhus<br>Paratyphus<br>ccm | | | | | |
| am ....<br>c) Ruhr<br>ccm | | | | | |
| am ....<br>d) Cholera<br>ccm | | | | | |
| am ....<br>e) Sonstige Schutz- und Heilimpfungen | | | | | |

17

---

Tag der Brillenbestimmung .................
1 — 2 Brillen *)

Höhe der Nasenwurzel über dem Hornhautscheitel ............ mm
Gestell-Nr. ...............

Abstand der Sehlochmitte (beim Blick in die Ferne):

rechts ............... mm

links ............... mm

| | | Kugelförmig geschliffen (sphärisch) | | Längsgeschliffen (zylindrisch) | |
|---|---|---|---|---|---|
| | | | | Glas | Achse |
| rechts | — Glas | ............... | BKE | ...............BKE | ...............Grad |
| | + Glas | ............... | BKE | ...............BKE | ...............Grad |
| links | — Glas | ............... | BKE | ...............BKE | ...............Grad |
| | + Glas | ............... | BKE | ...............BKE | ...............Grad |

BKE = Brechkrafteinheit (Dioptrie)

Ersatz für zerbrochene Gläser, abgenutzte Bänder und verlorene Brillen ist zu verlangen durch den Truppenarzt unter Vorlage des Soldbuches.

*) Nichtzutreffendes durchstreichen.

Eintrag der Verwundung Zährls am 8.1.1945 durch Schulterdurchschuß. Über den Regimentstruppenverbandsplatz wird er am 8.2.1945 in das Wiener Reservelazarett XXI eingeliefert und am 7.3.1945 als „bedingt kriegsverwendungsfähig" entlassen.

## Zahnstation:

Zahnersatz erhalten am: _____

| + Fehlende Zähne | O Ersetzte Zähne |
|---|---|
| 8 7 6 5 4 3 2 1 | 1 2 3 4 5 6 7 8 |
| 8 7 6 5 4 3 2 1 | 1 2 3 4 5 6 7 8 |

_____ Unterschrift des Zahnarztes

_____ Unterschrift des Tr.-Arztes

Ausbesserungen am: _____
in der Zahnstation: _____

Ausbesserungen am: _____
in der Zahnstation: _____

Ausbesserungen am: _____
in der Zahnstation: _____

Bemerkungen: _____

z. B. trägt seit: _____ eigenes Zähne
mit _____ Zähnen im _____ Kiefer.

---

Fortsetzung zu Seite 4

**B. Zum Feldheer abgesandt von:[1]**

| | Ersatztruppenteil | Kompanie | Nr. der Truppen-stammrolle |
|---|---|---|---|
| a | | | |
| b | | | |
| c | | | |

**C.** | | Feldtruppenteil[2] | Kompanie | Nr. der Kriegs-stammrolle |
|---|---|---|---|
| a | | | |
| b | | | |
| c | | | |

**D.** | Jetzt zuständiger Ersatztruppenteil[3] | Standort |
|---|---|
| | |

(Meldung dortselbst nach Rückkehr vom Feldheer oder Lazarett, zuständig für Ersatz an Bekleidung und Ausrüstung.)

[1] Vom Ersatztruppenteil einzutragen, von dem der Soldbuchinhaber zum Feldheer abgesandt wird.
[2] Vom Feldtruppenteil einzutragen und bei Versetzungen von einem zum anderen Feldtruppenteil derart abzuändern, daß die alten Angaben nur durchstrichen werden, also leserlich bleiben.

---

A. Auszufertigen durch Beamten der zuständigen Zahlmeisterei mit dessen Unterschrift, Dienststellung, Dienststelle, Datum und Beidrucken des Dienststempels über zustehende Gebührnisse.

| Gültig ab | erhält die Gebührnisse der | Bescheinigung der Zahlmeisterei |
|---|---|---|
| 30.1.44 | Stellengruppe | [signature] |
| 1.11.44 | Stellengruppe | [signature] |
| | Stellengruppe | [signature] |
| | Stellengruppe | |
| | Stellengruppe | |

| Gültig ab | erhält die Gebührnisse der | Bescheinigung der Zahlmeisterei |
|---|---|---|
| | Stellengruppe | |
| | Stellengruppe | |
| | Stellengruppe | Antrag auf Auszahlung zu Weihnachten geht am 4.12.44 an Schwarzenzigsch Weiden/Opf. weitergeleitet. |
| | Stellengruppe | Niederbayern H. Reich O. Rechn.Opf. |
| | Stellengruppe | |

*Die Eintragung der neun Auszeichnungen Zährls,
darunter die sehr seltene Ehrenblattspange des Heeres.*

*Das Original des Ehrenblattes des Deutschen Heeres, worin Hugo Zährl am 5. Dezember 1944 genannt wurde. Diese Nennung zog die Verleihung der Ehrenblattspange des Heeres nach sich.*

# EHRENBLATT
## DES DEUTSCHEN HEERES

Auf dem Schlachtfeld haben sich durch besondere Tapferkeit hervorgetan:

**Oberst Günther Pape,**
Führer der Panzer-Grenadier-Division »Feldherrnhalle«

**Oberst Bruno Weiler,**
Kommandeur des Ski-Jäger-Regiments 1

**Oberstleutnant Leopold Baumeister,**
Kommandeur des Grenadier-Regiments 956

**Oberstleutnant Albert Beierlein,**
Kommandeur des Ski-Jäger-Regiments 2

**Major i. G. Ernst Borrmann,**
1. Generalstabsoffizier der 306. Infanterie-Division

**ᛋᛋ-Sturmbannführer Eugen Eberwein,**
Kommandeur des 16-Ausbildungs-Bataillons 2 der Unterführerschule der Waffen-ᛋᛋ Arnheim

**Major Emmeran Hollweck,**
Kommandeur des II. Bataillons Grenadier-Regiments 438

**ᛋᛋ-Sturmbannführer Siegfried Müller,**
Kommandeur des ᛋᛋ-Panzer-Pionier-Bataillons 12

**ᛋᛋ-Sturmbannführer Hinrich Schuster †,**
Kommandeur des I. Bataillons ᛋᛋ-Panzer-Grenadier-Regiments 3 »Deutschland«

**Hauptmann Kurt Crysandt,**
Kommandeur des I. Bataillons Grenadier-Regiments 529

**ᛋᛋ-Hauptsturmführer Rudolf Ditzenbach †,**
Führer des III. Bataillons ᛋᛋ-Panzer-Füsilier-Bataillon Regiment 6 »Theodor Eicke«

**Hauptmann Siegfried Gutzeit,**
Führer der Sturmgeschütz-Abteilung 1122

**Hauptmann Jakob Krumm,**
Chef der 4. Kompanie Jäger-Regiment 229

**ᛋᛋ-Hauptsturmführer Heinz Müller,**
Chef der 3. Kompanie ᛋᛋ-Pionier-Bataillon 17

**Hauptmann Jürgen von Nottbeck,**
Kommandeur des II. Bataillons Grenadier-Regiment 96

**Hauptmann Herbert Reinhardt †,**
Kommandeur des II. Bataillons Panzer-Grenadier-Regiment 40

**Hauptmann Michael Renn,**
Kommandeur des II. Bataillons Grenadier-Regiment 530

**Hauptmann Werner Rückauer,**
Führer des III. Bataillons Ski-Jäger-Regiment 2

**Hauptmann Karl Schorr,**
Kompanie-Chef der Schule VI für Fahnenjunker der Infanterie Metz

**Hauptmann Helmuth Stachel,**
Kommandeur des I. Bataillons Grenadier-Regiments 12

**Oberleutnant Edwin Günther Grigat,**
Chef der 2. Batterie Sturmgeschütz-Abteilung 1219

**Oberleutnant Karl Krauss,**
Führer des Feld-Ersatz-Bataillons 85

**Oberleutnant Walter Linsmayer,**
Führer der I. Kompanie Divisions-Füsilier-Bataillon 367

**Oberleutnant Gustav Luchesi †,**
Chef der 3. Kompanie Panzer-Füsilier-Bataillon Führer-Grenadier-Brigade

**Oberleutnant Werner Roßiger,**
Führer der 8. Batterie Artillerie-Regiment 12

**Oberleutnant Ulrich Suchan,**
Chef der 3. Kompanie Jäger-Regiment 229

**ᛋᛋ-Obersturmführer Erich Vogel,**
Führer der 4. Kompanie ᛋᛋ-Panzer-Regiment »Hohenstaufen«

**Leutnant Heinrich Apel,**
Zugführer in der 1. Kompanie Panzer-Grenadier-Bataillon Führer-Grenadier-Brigade

**Leutnant Max Brix,**
Führer der 2. Schwadron Divisions-Füsilier-Bataillon 171

**Leutnant Karl Haunschild,**
Zugführer in der 2. Kompanie Grenadier-Regiment 61

**Leutnant Wolfgang Kiefer,**
Zugführer in der 1. Kompanie Sturm-Panzer-Abteilung 217

**Leutnant Karl-Heinz Mahnfeldt †,**
Zugführer in der 10. Kompanie Grenadier-Regiment 307

**Leutnant Peter Munk,**
Zugführer in der 2. Kompanie Pionier-Bataillon 3

**Leutnant Otto Pscheidl,**
Zugführer in der 5. Kompanie Feld-Ersatz-Bataillon 94

**Leutnant Günter Schiele,**
Zugführer in der 5. Kompanie Grenadier-Regiment 270

**Leutnant Friedrich-Wilhelm Schulze,**
Führer der 1. Kompanie Panzer-Grenadier-Regiment 10

**Stabsfeldwebel Albert Möll,**
Zugführer in der 4. Kompanie Grenadier-Regiment 351

**Oberfeldwebel Alex Eismann,**
Führer der 4. Kompanie Grenadier-Regiment 412

**Oberwachtmeister Lothar Fuchs,**
Zugführer in der 11. Kompanie Panzer-Regiment 24

**Oberfeldwebel Josef Hafner,**
Zugführer in der 13. Kompanie Grenadier-Regiment 61

**Oberfeldwebel Wilhelm Hafner,**
Zugführer in der 1. Kompanie Panzer-Regiment 1

**Feldwebel Stanislaus Mack †,**
Zugführer in der 3. Kompanie Panzer-Regiment 1

**Wachtmeister Heinz Ott,**
Zugführer in der 12. Kompanie Panzer-Regiment 24

**Wachtmeister Bernhard Sauer,**
Panzerkommandant in der 10. Kompanie Panzer-Regiment 24

**Feldwebel Heinz Schmidt,**
Zugführer in der 4. Kompanie Grenadier-Regiment 270

**Feldwebel Hermann Zachau,**
Zugführer in der 6. Kompanie Grenadier-Regiment 1076

**Feldwebel Willy Zscharnack,**
Zugführer in der 12. Kompanie Gebirgs-Jäger-Regiment 144

**ᛋᛋ-Unterscharführer Hugo Zährl,**
Zugführer in der Stabskompanie ᛋᛋ-Panzer-Grenadier-Regiment 6

**Obergefreiter Johann Bracko,**
Gruppenführer in der 2. Kompanie ᛋᛋ-Pionier-Bataillon 85

**Obergefreiter Günther Lutze,**
Geschützführer in der 15. Kompanie ᛋᛋ-Panzer-Grenadier-Regiment »Großdeutschland«

5. Dezember 1944

**Der Führer**

*Die Urkunde zur Nennung im Ehrenblatt des Deutschen Heeres.*

ICH SPRECHE DEM
ᛋᛋ-UNTERSCHARFÜHRER
HUGO ZÄHRL
FÜR SEINE HERVORRAGENDEN
LEISTUNGEN
AUF DEM SCHLACHTFELDE
BEI WOLOMIN AM 18.8.1944
MEINE
BESONDERE ANERKENNUNG AUS.

HAUPTQUARTIER-DEN 5. DEZEMBER 1944
DER FÜHRER

# Einheiten

9. Juni 1941 – 18. August 1941
SS-Ersatzbataillon „Germania", Ausbildung

29. August 1941 – 10. Oktober 1941
SS-„Totenkopf"-Division, Ausbildung

10. Oktober 1941 – 2. Januar 1942
6./SS-„Totenkopf"-Infanterieregiment 3 – SS-Division „Totenkopf"

2. Januar 1942 – März 1942
Schikompanie/SS-„Totenkopf"-Infanterieregiment 3

März 1942 – 17. Juli 1942
Kraderkundungszug/Stabskompanie/SS-„Totenkopf"-Infanterieregiment 3

29. September 1942 – Oktober 1942
Genesendenkompanie/SS-„Totenkopf"-Infanterie-Ersatzbataillon III

Oktober 1942 – 8. Mai 1945
Kraderkundungszug/Stabskompanie/SS-Panzergrenadierregiment 6 „Theodor Eicke" – 3. SS-Panzer-Division „Totenkopf"

# Beförderungen

SS-Sturmmann: 1. Juni 1942

SS-Rottenführer: 30. Januar 1943

SS-Unterscharführer: 24. Dezember 1943

SS-Oberscharführer 9. November 1944

# Auszeichnungen

Eisernes Kreuz 2. Klasse: 9. März 1942

Infanteriesturmabzeichen in Bronze: 20. Mai 1942

Verwundetenabzeichen in Schwarz: 17. Juli 1942

Ostmedaille: 1. September 1942

Nahkampfspange in Bronze: 8. November 1943

Eisernes Kreuz 1. Klasse: 27. Juli 1944

Ehrenblattspange des Heeres: 5. Dezember 1944

Nahkampfspange in Silber: 5. Februar 1945

Verwundetenabzeichen in Silber: 22. Februar 1945

# Anmerkungen

Nachfolgend werden einige Erklärungen zu Sachverhalten gegeben, die von Hugo Zährl nur kurz in seinem Tagebuch erwähnt werden. Vor allem werden einige der Weggefährten Zährls in Kurzbiographien vorgestellt, worunter sich einige bekannte und hochausgezeichnete Soldaten befinden.

1
Wenn der Verfasser des Tagebuches, Hugo Zährl, vereinfachend von der „SS" spricht, so meint er hier stets die Waffen-SS.

2
Bei der in Stralsund liegenden Ausbildungseinheit handelte es sich um das SS-Totenkopf-Infanterie-Ersatzbataillon I. Kommandeur war Anfang 1941 SS-Sturmbannführer Max Gebhardt. Am 15. Juli 1941 wurde das Ersatzbataillon nach Warschau in die Stauffer-Kaserne verlegt.
Hugo Zährl jedoch wurde mit einem Teil der Rekruten von Stralsund zum SS-Infanterie-Ersatzbataillon „Germania" versetzt. Dieses war im April 1941 von Hamburg nach Arnheim verlegt worden. Das SS-Infanterie-Ersatzbataillon „Germania" bestand damals aus dem Stab, sowie der 1. bis 5. Kompanie sowie zwei unterstellten Infanteriegeschütz-Ersatzkompanien.

3
Ein SS-Untersturmführer Renike ist nicht nachweisbar. Es dürfte ein Schreibfehler von Zährl sein. Er meint Karl-Heinz Reinecke, der im Sommer 1941 SS-Untersturmführer und sein Kompanieführer im SS-Infanterie-Ersatzbataillon „Germania" in Arnheim war.
Karl-Heinz Reinecke, geboren 1918, war im Westfeldzug Zugführer in der 6./SS-Regiment „Germania" und fiel als SS-Hauptsturmführer und Chef 11./SS-Panzergrenadierregiment 23 „Norge" der 11. SS-Panzergrenadierdivision „Nordland" am 2. Februar 1944 bei Chorsino an der Ostfront.

4
Hermann Hehn war Zährls Lehrgangsleiter im September 1941 und späterer Kompaniechef der 6./SS-„Totenkopf"-Infanterieregiment 3. Er war Jahrgang 1916 und gehörte bereits im Mai 1940 als SS-Untersturmführer dieser Kompanie an. Hehn fiel am 10. Juli 1943 bei der Kursker Offensive.

5
Der Kessel von Demjansk war für jeden Soldaten der Division „Totenkopf" das einschneidende Erlebnis der Jahre 1941/42. Dem Verfasser fehlte damals der soldatische Überblick, um die schwierige Lage seiner eingekesselten Division in seinem Tagebuch genauer

zu beschreiben. In härtesten Kämpfen erwehrten sich die Männer der Division gegen einen bei schwierigsten Witterungsverhältnissen angreifenden sowjetischen Gegner, der den deutschen Eckpfeiler Demjansk aus der Front herausbrechen wollte, um die deutschen Kräfte südostwärts des Ilmensees zu vernichten, um so in den Rükken und in die Flanke der 16. deutschen Armee und der Heeresgruppe Nord zu stoßen.

Die Division „Totenkopf" bewies in jenen unendlichen Monaten in den eisigen Schneemassen des Kessels von Demjansk ihre enorme Belastungsfähigkeit und Standfestigkeit. Teilweise waren ihre Einheiten auf die im Kessel stehenden Heeres-Divisionen aufgeteilt, die die Kampfkraft der Männer der „Totenkopf" bis auf das Letzte beanspruchten. Nur mangelhaft aus der Luft versorgt, verteidigten die Soldaten der Division „Totenkopf" die Front des Kessels aus einfachsten Stellungen, oft nur aus Schneelöchern heraus.

Am 21. April 1942 wurde ein dünner Schlauch zu den von Westen zum Entsatz herangeführten eigenen Kräften erkämpft, der immer wieder gegen die Angriffe der Sowjets verteidigt werden mußte. Die letzten Männer der „Totenkopf"-Division verließen erst im Herbst 1942 das Gebiet um Demjansk.

Auffallend ist, daß Hugo Zährl den für die Kämpfer des Kessels von Demjansk verliehenen Demjansk-Schild nicht erhielt. Jedenfalls fehlt der Eintrag dieser Auszeichnung in seinem Soldbuch.

6
Die Schikompanie war eine aufgrund der Witterungsverhältnisse aufgestellte, bewegliche Einheit, die ansonsten nicht zur Division gehörte. Andere Divisionen versuchten sich ebenfalls mit derartigen Einheiten beweglich zu erhalten. Zährl gibt den Namen eines Obersturmführers Weber als Kompanieführer an. Vermutlich handelt es sich dabei um Eduard Weber, geboren am 16. Juli 1911. Er war im März 1940 Adjutant III./SS-„Totenkopf"-Infanterieregiment 1 und im Juni 1942 SS-Hauptsturmführer und Chef 2./SS-„Totenkopf"-Infanterieregiment 1. Im Juni 1944 befand sich Weber als SS-Sturmbannführer an der Junkerschule Klagenfurt.

7
Theodor Eicke, SS-Obergruppenführer und General der Waffen-SS, Träger des Ritterkreuzes mit Eichenlaub, war von Beginn der Aufstellung der „Totenkopf"-Division im Oktober 1939 bis zu seinem Tod am 26. Februar 1943 der Divisionskommandeur.
Theodor Eicke wurde als Sohn eines Bahnbeamten am 17.10.1892 in Hampont bei Metz in Lothringen, geboren. Von 1909 bis 1919 diente er im bayerischen Heer. Sein Studium in Ilmenau mußte er abbrechen und fand danach Arbeit bei der Polizei in Ilmenau und Cottbus. Im Februar 1922 wurde Eicke wegen nationalsozialistischer Einstellung aus der Polizei entlassen. Nachdem er ab 1927 der SA angehört hatte, trat Eicke am 29.7.1930 in die SS ein und führte den SS-Sturm 147 und ab 21.12.1931 die 10. SS-Standarte in der Pfalz. Am 4.7.1934 wurde er Inspekteur der SS-Totenkopfverbände und wurde am 11.7.1934 zum SS-Gruppenführer befördert.
Am 14.11.1939 erhielt er den Auftrag, die SS-„Totenkopf"-Division aufzustellen. Theodor Eicke erzog mit Härte, aber auch mit Fürsorge die Männer seiner Division, die ihn „Papa Eicke" nannten; ein Attribut, das nur anerkannte und beliebte Führer von ihren Soldaten erhielten. Eicke prägte die Männer derart, daß sich die Division auch nach seinem Tode wiederholt auf ihn bezog.
In eiserner Selbstdisziplin eignete sich Theodor Eicke das Wissen eines Divisionskommandeurs an, so daß auch die vorgesetzten Heeres-Dienststellen seinen Einsatz und die von ihm geführte Division ausdrücklich anerkannten. Als SS-Gruppenführer und Generalleutnant der Waffen-SS erhielt er am 26.12.1941 das Ritterkreuz und als SS-Obergruppenführer und General der Waffen-SS am 20.4.1942 das Eichenlaub.
Sein Soldatentod mitten während des Charkow-Einsatzes traf die Division hart. Er wurde im Fieseler Storch am 26. Februar 1943 in Artelnoje südlich Charkow abgeschossen.

8
Hellmuth Becker, zuletzt SS-Brigadeführer und Generalmajor der Waffen-SS, gehörte zum Stamm der 1. SS-„Totenkopf"-Standarte „Oberbayern".

Er wurde am 12.8.1902 in Alt-Ruppin geboren. Von 1920 bis 1932 diente er in der Reichswehr. Am 27.2.1933 trat er in die Allgemeine SS ein und wurde als Ausbilder und Adjutant des III./9. SS-Standarte und Adjutant der 74. SS-Standarte verwendet. Am 17.6.1934 wurde Becker SS-Untersturmführer. Er wechselte zur SS-Verfügungstruppe und war im September 1934 Führer der 2./SS-Standarte „Germania". Am 1. Juli 1935 wurde er zur 1. SS-„Totenkopf"-Standarte „Oberbayern" versetzt, wo er anfangs die 9. Hundertschaft und ab 9. November 1937 als SS-Sturmbannführer den I. Sturmbann der 1. SS-„Totenkopf"-Standarte „Oberbayern" führte.
Er führte bei der Aufstellung der „Totenkopf"-Division im Oktober 1939 das I./SS-„Totenkopf"-Infanterieregiment 1, mit dem er 1940 im Westfeldzug kämpfte, wo er beide EK erwarb. In Rußland übernahm SS-Sturmbannführer Becker am 9.7.1941 die Führung des SS-„Totenkopf"-Infanterieregiments 3, da dessen Kommandeur Kleinheisterkamp die Division übernehmen mußte, aufgrund Eickes Verwundung.
Im September 1941 stellte Becker im Raum Demjansk das SS-Kradschützenbataillon „Totenkopf" auf und übernahm im Oktober 1941 wieder das SS-„Totenkopf"-Infanterieregiment 3, das 1943 in SS-Panzergrenadierregiment 6 „Theodor Eicke" umbenannt wurde.
Am 7. September 1943 wurde SS-Standartenführer Becker das Ritterkreuz verliehen.
Am 13. März 1944 wurde Becker zur 16. SS-Panzergrenadierdivision „Reichsführer SS" versetzt, wo er in Italien das SS-Panzergrenadierregiment 36 in den Kämpfen gegen die Amerikaner mit Erfolg führte.
Becker wurde am 21. Juni 1944 zum SS-Oberführer befördert und kehrte aber bereits am 13. Juli 1944 wieder zur 3. SS-Panzerdivision „Totenkopf" zurück, die er fortan als Divisionskommandeur bis Kriegsende führte.
Am 21. September 1944 wurde Becker das Eichenlaub zum Ritterkreuz verliehen, am 1. Oktober 1944 wurde er zum SS-Brigadeführer und Generalmajor der Waffen-SS befördert. Bis zuletzt erfüllte die Division unter seiner Führung alle ihr gestellten Aufgaben, kämpfte in Ungarn und in Österreich. Im Mai 1945 wurde die Divi-

sion bei Linz/Oberösterreich von den US-Amerikanern an die Sowjets ausgeliefert. Hellmuth Becker wurde von den Sowjets am 28. Februar 1953 in Swerdlowsk erschossen.

9
Mit „Sachen" meinte Zährl, daß er und Soldaten seiner Division mehrfach deutsche Soldaten, die in sowjetische Gefangenschaft geraten oder als Verwundete den Sowjets in die Hände gefallen waren, bei dem eigenen Gegenangriff getötet wieder fanden. Sie wiesen offensichtlich Verletzungen auf, sowie Verstümmelungen, die ihnen nur nach ihrer Gefangennahme von den Sowjets zugefügt sein konnten. Seit Beginn des Ostfeldzuges im Juni 1941 mußten deutsche Soldaten zur Kenntnis nehmen, daß in vielen Fällen die Sowjetrussen deutsche Kriegsgefangene und Verwundete mißhandelten, quälten und anschließend verbrannten, erstachen oder erschossen. Diese Kriegsverbrechen wurden von Seiten der Deutschen Wehrmacht in zahlreichen Fällen dokumentiert und in Protokollen und Bildern von der Wehrmachtuntersuchungsstelle festgehalten. Zahlreiche dieser oftmals grauenhaften Vorfälle sind z.B. in den Büchern „Die Wehrmachtuntersuchungsstelle" (Alfred de Zayas), „Verbrechen an der Wehrmacht" und „Kriegsgreuel der Roten Armee" (Franz Seidler) enthalten.
Aufgrund dieses jedem Kriegsvölkerrecht widersprechenden Verhalten der Sowjets gegenüber deutschen Gefangenen beschlossen viele deutsche Soldaten, sich lieber vor der Gefangennahme durch die Sowjets zu erschießen.

10
Siehe 9. Hier erwähnte Zährl das Mißhandeln und Ermorden eines in sowjetische Gefangenschaft geratenen Verwundeten.

11
Die Bedenken russischer Zivilisten gegen die Rückkehr der Soldaten der Roten Armee waren begründet. In zahlreichen Fällen wurden russische Zivilisten von den Sowjets beschuldigt, den deutschen Soldaten aktive Hilfe geleistet zu haben. Selbst Einquartie-

rungen in ihre Häuser wurden ihnen zur Last gelegt. Über das Verhältnis der Sowjets zu ihren eigenen Landsleuten siehe u.a. Joachim Hofmann „Stalins Vernichtungskrieg".

## 12

Das Freikorps „Danmark" war ein aus dänischen Freiwilligen bestehender bataillonsstarker Verband. Nach Kriegsausbruch Deutschlands mit der Sowjetunion stellte die dänische Regierung unter Zustimmung des dänischen Königs am 28. Juni 1941 das „Freikorps Danmark" auf, das am 8. Mai 1942 zur Ostfront an den Ilmensee verlegt wurde. Nach verlustreichen Kämpfen an der Ostfront, in denen sich die dänischen Freiwilligen bewährten und auszeichneten, traf das „Freikorps Danmark" am 31. März 1943 in Grafenwöhr ein, wo es am 20. Mai 1943 aufgelöst wurde. Daraus und aus weiteren Dänen des ebenfalls aufgelösten SS-Panzergrenadierregiments „Nordland" der Division „Wiking" wurde das neue SS-Panzergrenadierregiment 24 „Danmark" (dänisches Nr. 1) aufgestellt. Dieses war gemeinsam mit dem neu aufgestellten norwegischen Regiment „Norge" Teil der europäischen SS-Panzergrenadierdivision „Nordland". Dänen kämpften von da an mit ihrer Mehrheit in der Division „Nordland" bis zum Kriegsende mit großer Tapferkeit. Daneben gab es ab 1940 freiwillige Dänen, die in der aus europäischen Freiwilligen bestehenden 5. SS-Panzerdivision „Wiking" an der Ostfront kämpften. Drei Dänen wurden mit dem Ritterkreuz ausgezeichnet.

## 13

Die Restteile der Division „Totenkopf" verließen erst am 16. Oktober 1942 den Kampfraum Demjansk. In der Heimat und in Frankreich wurde die Division „Totenkopf" ab Herbst 1942 zu einer Panzergrenadierdivision umgegliedert, obwohl sie gliederungsgemäß eine Panzerdivision war. Sie verfügte neben den beiden Panzergrenadierregimentern 1 und 3 über ein Panzerregiment, eine Sturmgeschützabteilung und über das SS-Kradschützenregiment „Thule", sowie weitere Einheiten einer Panzerdivision.

14
Mit ersten Teilen erreichte die SS-Panzergrenadierdivision „Totenkopf" am 18. Februar 1943 Poltawa und damit den Kampfraum Charkow in der Ukraine.
An dieser Beschreibung erkennt man, daß auch Hugo Zährl von der eigenen Stärke einer Panzerdivision erfaßt wurde. Die Lage an der Ostfront war jedoch keineswegs so günstig, als die SS-Panzergrenadierdivision „Totenkopf" an der Ostfront ausgeladen wurde. Die Sowjets waren mit starken Kräften im Vorgehen nach Westen und bedrohten und eroberten vorübergehend Charkow.

15
Am 14. März 1943 konnte die SS-Panzergrenadierdivision „Leibstandarte SS Adolf Hitler" die ukrainische Großstadt Charkow nach harten Straßen- und Häuserkämpfen wieder zurückgewinnen. Auch die SS-Panzergrenadierdivision „Das Reich" war an diesem Erfolg beteiligt.
Hugo Zährl kam anscheinend wegen der ununterbrochenen Kämpfe im verschneiten Gelände nicht dazu, sein Erleben zu Papier zu bringen, denn er verfaßte über diese äußerst komplizierte militärische Operation unter der Führung des SS-Obergruppenführers Paul Hausser nur wenige Sätze.

16
SS-Obergruppenführer und General der Waffen-SS Paul Hausser war in diesen Kämpfen der Kommandierende General des SS-Panzerkorps. Ihm unterstanden meist die SS-Panzergrenadierdivisionen „Leibstandarte SS Adolf Hitler", „Das Reich" und „Totenkopf". Dieses Korps wurde im Frühjahr 1943 in II. SS-Panzerkorps umbenannt. Paul Hausser, geboren am 7.10.1880 in Brandenburg, war einer der führenden Köpfe der SS-Verfügungstruppe und Erzieher dieser modernen Truppe vor dem Krieg. Während des Krieges war Hausser Kommandeur der Division „Das Reich", des II. SS-Panzerkorps und 1944 an der Westfront OB der 7. Armee.
Paul Hausser war zuletzt SS-Oberst-Gruppenführer und Generaloberst der Waffen-SS, ausgezeichnet mit dem Ritterkreuz mit Ei-

chenlaub und Schwertern. Nach dem 2. Weltkrieg war der Senior der Waffen-SS führend in der HIAG und verfaßte mehrere grundlegende militärhistorische Werke, in denen er Aufgaben, Ausbildung und Einsatz der Soldaten der Waffen-SS beschrieb. Paul Hausser konnte sich bis zu seinem Tode im Jahr 1972 der Hochachtung der Soldaten dieser Truppe in besonderem Maße erfreuen.

17
Für die Schwere der Kämpfe und für Zährls Belastung spricht auch diese eher knappe Erwähnung vom Tode des in der Division beliebten Kommandeurs Theodor Eicke. Er wurde am 26. Februar 1943 bei einem Aufklärungsflug in seinem Fieseler Storch bei Artelnoje von den Sowjets abgeschossen und fiel. Seine Männer bargen ihn und seine Begleiter und bestatteten sie.
In Anerkennung der Verdienste des gefallenen Divisionskommandeurs erhielt das SS-„Totenkopf"-Panzergrenadierregiment 3 den Namen „Theodor Eicke" und trug ab Sommer 1943 einen Ärmelstreifen mit diesem Namen.

18
Der Verfasser meint mit „Schere" ein Scherenfernrohr, das zur genauen Feindbeobachtung aufgebaut worden war. In den Ruhephasen hielt sich Hugo Zährl meist in der Nähe des oder direkt beim Regimentsgefechtsstand des SS-Panzergrenadierregiments „Theodor Eicke" auf. Sein Kraderkundungszug gehörte zur Regimentsstabskompanie, ebenso wie der Nachrichtenzug und Pionierzug.

19
Das war die deutsche Operation „Zitadelle", auch Offensive auf Kursk genannt; in deren Verlauf es am 12. Juli 1943 bei Prochorowka zur größten Panzerschlacht der Kriegsgeschichte kam. Die deutschen Divisionen, darunter die SS-Panzergrenadierdivision „Leibstandarte SS Adolf Hitler", schossen an diesem zahlreiche Feindpanzer ab.

20
Bei der Division war im Juli 1943 neben den Hafthohlladungen auch bereits die damals ganz neue Panzerfaust als panzerbrechende Waffe im Einsatz.

21
Der Frontsoldat Zährl hatte bereits vorher seine Meinung zu den in Charkow liegenden Nachschub- und Verpflegungseinheiten geschrieben. Als Frontsoldat, der damals bereits zwei Kriegsjahre erlebt hatte, war er jedem Troßsoldaten gegenüber von Natur aus skeptisch eingestellt.

22
SS-Sturmbannführer Karl Ullrich wird Zährls neuer Regimentskommandeur. Mit ihm übernahm im November 1943 ein in der Division groß gewordener, erfahrener jüngerer Führer das Regiment „Theodor Eicke".
Karl Ullrich, geboren am 1.12.1910 in Saargemünd in Lothringen, beendete 1933 sein Studium in Würzburg als Diplom-Ingenieur. Am 18.9.1931 schloß er sich der SA an und am 1.4.1932 trat er in die 56. SS-Standarte der Allgemeinen SS ein.
Am 8. Januar 1934 trat Ullrich in das SS-Regiment „Deutschland" ein und wurde bereits vom 24.4.1935 bis 10.2.1936 an die Junkerschule Braunschweig kommandiert. Am 1. April 1936 wurde er zum SS-Pionierbataillon der SS-Verfügungstruppe versetzt und am 20. April 1936 wurde er zum SS-Untersturmführer befördert. Er war Zugführer in der 3. Kompanie und übernahm am 1.4.1938 die Kompanie, die er 1939 im Polenfeldzug führte.
Im Mai 1941 wurde Ullrich als Kommandeur des Pionierbataillons zur SS-„Totenkopf"-Division versetzt, dort wurde er am 9.11.1941 zum SS-Sturmbannführer befördert. Besonders bewährt im Kessel von Demjansk als Verteidiger von Kobylkina, wurde Karl Ullrich in der ganzen Division ein Begriff; das Ritterkreuz wurde ihm am 19.2.1942 verliehen.
Am 2.7.1942 wurde Ullrich Korps-Pionierführer des SS-Panzerkorps und kehrte nach dem Charkow-Einsatz im März 1943 zur „Toten-

kopf"-Division zurück und wurde Kommandeur des III./SS-Panzergrenadierregiment 5 „Totenkopf" und im November 1943 Regimentskommandeur des SS-Panzergrenadierregiments 6 „Theodor Eicke".
Als SS-Obersturmbannführer und Kommandeur des SS-Panzergrenadierregiments 6 „Theodor Eicke" wurde ihm am 14.5.1944 das Eichenlaub verliehen.
Als SS-Brigadeführer Hermann Prieß die Division verließ, führte SS-Standartenführer Ullrich vorübergehend ab 20.6.1944 die Division – Max Kühn führte vertretungsweise das Regiment – bis er am 9.10.1944 die Führung der 5. SS-Panzerdivision „Wiking" übernahm, die neben der 3. SS-Panzerdivision „Totenkopf" im IV. SS-Panzerkorps vereinigt war. Karl Ullrich war zuletzt SS-Oberführer.

23
SS-Sturmbannführer Kurt Launer war der damalige Kommandeur des II./SS-Panzergrenadierregiment 6 „Theodor Eicke".
Geboren am 19.6.1906, war Launer bereits Ende 1941 Kommandeur des I./SS-„Totenkopf"-Infanterieregiments 3 und führte später das II./SS-Panzergrenadierregiment 6 „Theodor Eicke" und erhielt am 15.8.1943 das Ritterkreuz. Zuletzt war Launer SS-Standartenführer und Kommandeur des SS-Panzergrenadierregiments 37 der Division „Götz von Berlichingen".

24
Das Führerpaket war ein Paket mit Liebesgaben, das an Frontsoldaten vergeben wurde, die von der Front kamen und auf dem Weg in den Heimaturlaub waren. Der Empfang des Führerpaketes wurde im Soldbuch eingetragen.

25
Der Leser bemerkt ab diesem Abschnitt, daß der Verfasser nunmehr die schweren Abwehrkämpfe aus der etwas höheren Ebene eines Zugführers beschreibt. Da Zährl mit seinem Kraderkundungszug zur Stabskompanie des SS-Panzergrenadierregiments 6 „Theodor Eicke" gehört, erhält er meist die direkten Einsatzbefehle von

seinem Regimentskommandeur. Oft ist der Zug Zährl auch die letzte Reserve des Regiments, die vom Kommandeur in großen Notlagen in Frontlücken geworfen oder zu Gegenstößen herangezogen wird. Die Leistungen Zährls und seiner Männer waren ihm aufgrund seine Aufträge und der anschließenden Meldungen daher genau bekannt.

26
Die Aussage Zährls, er wäre zur Verleihung des Ritterkreuz vorgeschlagen worden, wird durch eine schriftliche Bestätigung von Zährls Regimentskommandeur Karl Ullrich vom 27. April 1954 unterstützt. Das Dokument ist in diesem Buch abgedruckt.
Am 26. September 1944 schlug SS-Standartenführer Ullrich Hugo Zährl zur Nennung im Ehrenblatt des Deutschen Heeres und damit zur Verleihung der Ehrenblattspange vor. Am 5. Dezember 1944 wurde Zährl im Ehrenblatt des Heeres genannt.
Ob davor ein Antrag auf Verleihung des Ritterkreuzes gestellt wurde, ist anhand der Akten nicht belegbar. Jedenfalls ist dieser Antrag nicht in Berlin beim Heerespersonalamt eingetroffen, da er ansonsten nachweisbar wäre.

27
Hier hatte es Zährl mit einer Täuschung durch die Sowjets zu tun, die an die eigenen Sturmgeschütze funkten und ihnen einen falschen Befehl erteilten. Wieso sich die eingesetzten Sturmgeschützführer nicht bei Zährl rückversicherten, bleibt ungeklärt.

28
Hermann Lang erhielt das Ritterkreuz am 23.10.1944 als SS-Unterscharführer und Meldestaffelführer des I./SS-Panzergrenadierregiment 5 „Totenkopf".
Hermann Lang, geboren am 24.3.1922, überlebte den Krieg, verunglückte aber am 12.3.1975 bei Lenggries tödlich.

29
Zährl erwähnt hier handschriftlich ohne weiteren Zusammenhang, daß er mit SS-Sturmbannführer Adolf Pittschellis und seinen Panzerjägern IV den Gegenstoß geführt hat. Die Sturmgeschütze könnten auch Panzerjäger IV gewesen sein, da beide in der SS-Panzerjägerabteilung 3 „Totenkopf" vorhanden waren.
Adolf Pittschellis, geboren am 28.10.1914, gehörte bereits seit September 1929 der HJ und später der SA an. Seit 4.11.1932 war er im 12./35. SS-Standarte der Allgemeinen SS.
Im Mai 1935 war Adolf Pittschellis SS-Rottenführer in der 8./SS-Regiment „Germania", im Westfeldzug 1940 SS-Obersturmführer und Führer 1./SS-Artillerieregiment der SS-„Totenkopf"-Division, ab Juli 1943 Kommandeur der II./SS-Artillerieregiment „Totenkopf".
Als SS-Hauptsturmführer und Chef 7./SS-Artillerieregiment „Totenkopf" erhielt er am 23.10.1943 das Deutsche Kreuz in Gold.
Als SS-Sturmbannführer übernahm Pittschellis am 25.12.1943 die SS-Panzerjägerabteilung 3 „Totenkopf" und wurde am 23.8.1944 mit dem Ritterkreuz ausgezeichnet. In Ungarn übernahm Pittschellis am 11.1.1945 das SS-Panzerregiment 3 „Totenkopf". Er fiel am 26. Januar 1945 bei den schweren und auch von Hugo Zährl eindrucksvoll beschriebenen Kämpfen in Vereb in Ungarn. Seine letzten Worte waren: „Kämpft weiter!" Er starb 20 Minuten später. (Totenkopf-Melder 15/1945)
-Auch erwähnt Zährl hierbei SS-Obersturmführer Ernst Karl Heisterkamp, Führer der 9./SS-Panzergrenadierregiment 6 „Theodor Eicke". Er kam aus der 14./Leibstandarte SS Adolf Hitler, war im Juni 1944 Untersturmführer in der SS-Panzeraufklärungsabteilung 12 „Hitlerjugend" und danach bei der „Totenkopf"-Division. Im Oktober 1955 kehrte er aus zehnjähriger sowjetischer Gefangenschaft nach Hause.

30
SS-Obersturmbannführer Franz Kleffner war seit 24. September 1944 der neue Kommandeur des SS-Panzergrenadierregiments 6 „Theodor Eicke". Von ihm erhielt Hugo Zährl sehr oft die direkten Einsatzbefehle.

Franz Kleffner geboren am 2.6.1907, war von Beruf Buchhalter und Abteilungsleiter in den Vereinigten Deutschen Metallwerken. Er trat am 15.12.1930 in die 20. SS-Standarte der Allgemeinen SS ein und kam am 15.2.1934 zum Vorläufer des späteren SS-Regiments „Deutschland" in die SS-Verfügungstruppe. Am 20.4.1935 erfolgte seine Beförderung zum SS-Untersturmführer. Vom 1.4.1935 bis 31.1.1938 war Kleffner Junkerschaftsführer in Braunschweig, danach war er in der SS-„Totenkopf"-Standarte „Oberbayern" und ab April 1938 Chef der 10. und 2./SS-„Totenkopf"-Standarte „Ostmark", sowie bis 1.10.1939 Führer des II./„Ostmark".
Bei Aufstellung der „Totenkopf"-Division kam er zu dieser und wurde Chef 13./SS-„Totenkopf"-Infanterieregiment 2. Als im September 1941 das SS-Kradschützenbataillon „Totenkopf" aufgestellt wurde, übernahm Kleffner die schwere Kompanie und wurde am 25.10.1941 Bataillonskommandeur des Kradschützenbataillons „Totenkopf und am 4.1.1942 zum SS-Sturmbannführer befördert. Als Führer der eigenen Kräfte in Biakowo wurde Kleffner im Kessel von Demjansk über die Division hinaus bekannt. Dafür war ihm am 19. Februar 1942 das Ritterkreuz verliehen worden.
Am 2. September 1943 übernahm er das neuaufgestellte SS-Panzerregiment 10 „Frundsberg", das er nach dem Ostfronteinsatz im Frühjahr 1944 verließ.
Am 24. September 1944 kehrte Kleffner als neuer Kommandeur des SS-Panzergrenadierregiments 6 „Theodor Eicke" zur „Totenkopf"-Division zurück.
Kleffner fiel am 20. März 1945 in Sárkeresztes in Ungarn.

31
Zährl und zahlreiche andere Soldaten der 1945 in Ungarn eingesetzten deutschen Divisionen waren dort Zeugen von Greueltaten sowjetischer Soldaten an ungarischen Zivilisten. So z.B. in Bajna, wo die ungarische Zivilbevölkerung den deutschen Soldaten am 5.1.1945 die von den Sowjets verstümmelten eigenen Opfer und die Opfer unter den überrollten deutschen Soldaten zeigte. Im Schild-Gebirge (= Vértes-Gebirge) wurde eine von Volksdeutschen bewohnte kleine Waldsiedlung (Kápolnáspuszta) von den Sowjets

restlos ausgerottet. Diese - heute tote - Siedlung befand sich zwischen Várgesztes und Gánt, der Rest ist heute noch aufzufinden, auf der Touristenroute Blauer Kreis, bei der Vörösmarty-Quelle. Die Ungarn taten in vielen Dörfern alles, um die dort kämpfenden deutschen Einheiten zu unterstützen.

32
Das waren die beiden aus den SS-Panzergrenadierregimentern „Norge" und „Danmark" herausgelösten I. Bataillone, die 1945 fernab ihrer Stammregimenter und ihrer Division „Nordland" im Rahmen der 5. SS-Panzerdivision „Wiking" in Ungarn kämpften. Darin kämpften norwegische und dänische Freiwillige.

33
Bei SS-Untersturmführer Georg Altner handelt es sich um den damals 19-jährigen Führer der Stabskompanie des SS-Panzergrenadierregiments 6 „Theodor Eicke".

34
Hier handelte sich um Soldaten bzw. Offiziere des Heeres, die in dieser Situation des Kampfes vollkommen die Nerven verloren und offensichtlich versagten. Dies waren die Vorboten des nahenden Unterganges. Für junge Soldaten sicher ein erschütterndes Bild.

35
Die SS-Panzeraufklärungs-Ausbildungs- und Ersatzabteilung war der für alle Soldaten in Panzeraufklärungseinheiten, darunter fielen auch Kradschützen, zuständige Ersatztruppenteil. Dieser lag 1945 im Sennelager bei Paderborn. Hugo Zährl gehörte für kurze Zeit der Genesendenkompanie an. Dadurch, daß Zährl wieder zu seiner Stammdivision zurückkam, entging er dem letzten Einsatz der SS-Panzeraufklärungs-Ausbildungs- und Ersatzabteilung, die als Teil der SS-Panzerbrigade „Westfalen" ab April 1945 in Westfalen und zuletzt im Harz gegen die US-Amerikaner kämpfte.

36
Josef Pfister, geboren am 29. Dezember 1900, war im November 1940 TFW (Technischer Führer Waffenwesen) im SS-„Totenkopf"-Infanterieregiment 3 und blieb das über Jahre hinweg auch im späteren SS-Panzergrenadierregiment 6 „Theodor Eicke".

37
SS-Obersturmbannführer Wilhelm Breimaier war der letzte Kommandeur des SS-Panzergrenadierregiments 6 „Theodor Eicke". Er wurde am 26. Februar 1907 geboren und trat im Mai 1931 in die Allgemeine SS ein, 1./II./31. SS-Standarte.
1933 gehörte er zum Stamm der 1. SS-„Totenkopf"-Standarte „Oberbayern" und wurde dort am 5. April 1934 zum SS-Untersturmführer befördert. Am 10. Juli 1937 wurde er als SS-Hauptsturmführer Führer der 30. Hundertschaft im VIII. Sturmbann der SS-„Totenkopf"-Standarte „Thüringen" und ab 1. November 1937 führte er den III./SS-„Totenkopf"-Standarte „Thüringen". Zum SS-Sturmbannführer wurde er am 11. September 1938 befördert.
Am 1. März 1940 wurde Breimaier in die Waffen-SS mit dem Dienstgrad SS-Hauptsturmführer übernommen und befand sich bis 11. Dezember 1940 beim 9. SS-„Totenkopf"-Infanterieregiment. Später war er Kompaniechef in der Freiwilligen-Legion „Flandern" und wurde am 1. April 1942 als Führer des III. Bataillons zur Freiwilligen-Legion „Niederlande" versetzt.
Am 21. Juni 1943 wurde Breimaier zum SS-Sturmbannführer befördert und am folgenden Tag zur SS-Gebirgsdivision „Prinz Eugen" versetzt, wo er Kommandeur des II./SS-Gebirgsjägerregiments 13 „Artur Phleps" und ab 10. Oktober 1944 Kommandeur des SS-Gebirgsjägerregiments 14 war. Am 10. März 1945 wurde Breimaier mit dem Deutschen Kreuz in Gold ausgezeichnet, ab 30. Januar 1945 war er SS-Obersturmbannführer.
Im März 1945 wurde Breimaier zur 3. SS-Panzerdivision „Totenkopf" versetzt, wo er nach dem Tod von Ritterkreuzträger SS-Obersturmbannführer Franz Kleffner das SS-Panzergrenadierregiment 6 „Theodor Eicke" führte.

38

Im Arbeitslager Moosburg setzte Hugo Zährl sein Tagebuch fort und begann das Kriegsende und seinen Weg von der drohenden sowjetischen Gefangenschaft im Raum Linz an der Donau nach Bayern zu beschreiben. Der 1945 im Lager beginnende Abschnitt stellt den Beginn dieses zweiten Teiles seines Tagebuches dar und beginnt am 9. November 1946 und endet am 29. März 1947. Im Gegensatz zu Zährls Fronttagebuch sind in seinen Aufzeichnungen über die Kriegsgefangenenjahre einige Kürzungen vorgenommen worden, da er darin seinen meist sehr tristen Lageralltag beschreibt, der sich in seinem Ablauf sehr stark ähnelt.

# Danksagung

Der Munin Verlag bedankt sich bei Hugo Zährl (†) für die jahrelange Korrespondenz und Zusammenarbeit und bei seiner Frau.
Herrn Dieter Guillaume gebührt unser Dank für die Textbearbeitung.
Für das Korrekturlesen bedankt sich der Munin Verlag bei allen Beteiligten sehr herzlich. Rudolf Pencz ist für die Korrektur der Schreibweisen der ungarischen Orte zu danken.

# Bücher aus dem MUNIN VERLAG

## Im Fadenkreuz
## - Tagebuch eines Scharfschützen

Innerhalb von nur sechs Monaten Fronteinsatz hat der Autor als Scharfschütze an der Ostfront bedeutende Erfolge erzielt. In Anbetracht seiner äusserst kurzen Einsatzzeit gehörte er zu den erfolgreichsten Einzelkämpfern dieser Waffengattung in der gesamten Deutschen Wehrmacht.
Die einzigartige Authentizität dieses Buches besteht darin, daß der Autor die von ihm erzielten Erfolge durch seine Originalunterlagen vollständig nachweisen kann. Dadurch ist ein einmalig dokumentierter Beitrag zur Kriegsgeschichtsschreibung entstanden. Der Autor war Träger des äußerst seltenen Scharfschützenabzeichens der 3. Stufe und wurde im Wehrmachtbericht genannt.
Ausführlich beschreibt er in diesem Buch seine vielfältigen Erfahrungen als Scharfschütze im Fronteinsatz. Neben eindrucksvollen Bildern und Dokumenten wird hier das extrem seltene Besitzzeugnis zum Scharfschützenabzeichen der 3. Stufe gezeigt.
Der zweite Teil des Buches handelt von seinem unglaublich harten Schicksal, das ihn nach dem Krieg traf. 22 Jahre lang war er nach Sibirien verbannt. Mehrfach vom Tode bedroht, widerstand er allen Anwerbeversuchen, für die Sowjets in West-Deutschland zu spionieren. Jahrzehntelang hielten ihn die Sowjets gefangen und verweigerten ihm die Ausreise. Erst 1997 konnte der gebürtige Ostpreuße in seine Heimat Deutschland zurückkehren.
Dieses Buch beschreibt eine einzigartige, ebenso spannende wie tragische Lebensgeschichte eines Frontsoldaten, wie sie nur der Zweite Weltkrieg zu schreiben vermochte.

*228 Seiten, 67 Abbildungen, Urkunden, Dokumente,* **19,90 Euro**

# In 80 Nahkampftagen als Kradschütze in der SS-„Totenkopf"-Division

Die Nahkampfspange in Gold, das Deutsche Kreuz in Gold, Verwundetenabzeichen in Gold, Panzervernichtungsabzeichen und weitere Auszeichnungen kennzeichnen Helmut Büch als einen Frontsoldaten, der den Krieg in all seinen Härten und Schrecken durchlebte.

In diesem Buch schildert der gebürtige Saarländer, der zuletzt SS-Untersturmführer war, seine Einsätze in der 3. SS-Panzerdivision „Totenkopf". Beginnend im Westfeldzug, 1940 in Frankreich, folgt der Leser ihm nach Russland, im Juni 1941, wo Helmut Büch - nur durch Verwundungen unterbrochen - bis zum Spätherbst 1943 die ständig in vorderster Frontlinie kämpfte. Helmut Büch erlebte als Kradschütze und Zugführer eines Schwimmwagen-Zuges mit seiner Kompanie diese Kämpfe. 1944 nahm er am Einsatz gegen den Aufstand in Warschau teil, wobei er erneut verwundet wurde.

Nach über 80 durchlebten Nahkampftagen erhielt Helmut Büch im Dezember 1944 aus der Hand des Reichsführers-SS die höchste Auszeichnung des Infanteristen: Die Nahkampfspange in Gold.

Ein schnörkelloses, überaus spannend geschriebenes Buch eines Frontsoldaten, der den Krieg aus dem Brennpunkt der Kämpfe beschreibt.

110 eindrucksvolle, unveröffentlichte Fotografien und Dokumente stellen die Kradschützen und Helmut Büch ausführlich dar.

*162 Seiten, 110 Fotos, Dokumente,* **19,80 Euro**

# Europas Freiwillige der Waffen-SS

Die vollständigen Biographien aller Träger des Ritterkreuzes, des Deutschen Kreuzes in Gold, der Ehrenblattspange und der Nahkampfspange in Gold, die keine Deutschen waren.

Die einzige Dokumentation über die europäischen Freiwilligen der Waffen-SS aus zahlreichen Ländern, die für ihre Leistungen im 2. Weltkrieg die höchsten deutschen Auszeichnungen erhielten. Eines der interessantesten Kapitel im Rahmen der deutschen und europäischen Kriegsgeschichte.

Dieser Band enthält einmaliges Bildmaterial mit noch nie zuvor gezeigten Fotos, z.B. von den Trägern des Ritterkreuzes und des Deutschen Kreuzes in Gold aus Lettland, Estland, Norwegen, Dänemark, Niederlanden, Frankreich, Finnland und Schweden.

*Großformat, 300 Seiten, 380 Fotos, zahlreiche Urkunden, Dokumente, etc.* ***29,95 Euro***

# Mit Gewehr und Bleistift am Feind
# Die Bilder des SS-Kriegsmalers Franz Leitl

Der Maler Franz Leitl zeichnete sein Erleben in den Kämpfen mit den SS-Panzerdivisionen „Leibstandarte SS Adolf Hitler" und „Wiking" an der Front. Zahlreiche Kohle- und Kreidezeichnungen schuf der Kriegsmaler und Soldat unter der direkten Waffenwirkung des Gegners.

Neben den Bild-, Film- und Wortberichtern gehörten auch begnadete Künstler zahlreicher Nationen als Zeichner und Maler zu den SS-Kriegsberichtern und hielten das Geschehen an allen Fronten fest.

Dieser einzigartige Kunstband ist die bestechende Dokumentation des künstlerischen Schaffens eines Malers in der Tarnjacke und zugleich das Werksverzeichnis von Franz Leitls Kriegsbildern.

Mit einer Einleitung von Gunter d'Alquen, Chef der SS-Kriegsberichter und Kommandeur der SS-PK-Standarte „Kurt Eggers" und mit einem Geleitwort von Hans Fischach von der Standarte „Kurt Eggers".

# Nachts über Deutschlands Himmel
# Ritterkreuzträger und Nachtjäger Helmut Bergmann im Kampf gegen englische Bomber

In den harten Nächten der Abwehrkämpfe gegen die britischen Bomberströme an Deutschlands Himmel wurde Helmut Bergmann zu einem der erfolgreichsten deutschen Nachtjäger. Bergmann gehörte ab 1. Mai 1940 dem Nachtjagdgeschwader 4 an, zwischenzeitlich flog er auch im Nachtjagdgeschwader 1. Er gehörte zu den deutschen Nachtjägern, die jede Nacht gegen die englischen Flugzeuge kämpften, die Deutschlands Städte mit ihrem Bombenterror heimsuchten, dabei die Wohnviertel der Städte vernichteten und Frauen und Kinder töteten. Als Staffelkapitän schoß Helmut Bergmann am 11. April 1944 sieben und am 4. Mai 1944 sechs britische Bomber innerhalb kürzester Zeit ab und wurde im Wehrmachtbericht genannt.

Später war Helmut Bergmann Hauptmann und Kapitän der 8. Staffel des Nachtjagdgeschwaders 4 und wurde nach 30 Nachtabschüssen am 9. Juni 1944 mit dem Ritterkreuz ausgezeichnet. In der Nacht auf den 7. August

1944 wurde Bergmann mit seiner Besatzung, Feldwebel Günther Hauthal und Feldwebel Wilhelm Schopp, mit einer Me-110 G-4 bei Mortain in der Normandie abgeschossen, stürzte auf einen Panther der 1. SS-Panzerdivision „Leibstandarte SS Adolf Hitler" und fand den Tod. Bis dahin hatte er 36 Abschüsse erzielt.

Zur einzigartigen Dokumentation wird dieses Buch, da es Bergmanns eigene Kampfberichte wiedergibt, in denen er alle seine Abschüsse von britischen Bombern genau beschreibt und die dazu gehörigen Bestätigungen der Abschüsse zeigt. Das Buch zeigt zahlreiche Bilder von Helmut Bergmann, alle Urkunden seiner Auszeichnungen, Aufnahmen von Nachtjägern und Nachtjagdflugzeugen und vom Abwehrkampf der Jäger und Flak gegen den über Deutschlands Städten wütenden britisch-amerikanischen Bombenterror.

## In Vorbereitung:
# Das SS-Fallschirmjägerbataillon 600

Packende Dokumentation über die Kämpfe des einzigen Fallschirmjägerbataillons der Waffen-SS, das zuletzt zu den Jagdverbänden von Otto Skorzeny gehörte. Ausführliche Schilderung aller Kämpfe dieser Eliteeinheit: Fallschirmsprungeinsatz auf dem Balkan, Kampf an der Ostfront, in Budapest, in den Ardennen 1944 und 1945 im Endkampf um das Reich, an der Oder, in Brandenburg und Mecklenburg.

*Etwa 350 Seiten, 230 Fotografien, Dokumente.*

# „Ahnenerbe"-Reihe
# Herausgeber Forschungsgemeinschaft EUROPA-ERBE

## Der Sachsenhain bei Verden –

1935 errichtetes Naturdenkmal für 4500 durch Karl den Großen getötete Sachsen

**Band I**

Kulturpolitik wurde im 3. Reich nicht nur durch staatliche Institutionen und von politischen Organen, Universitäten und Stiftungen, sondern auch von der Schutzstaffel aktiv betrieben. Maßgeblichen Anteil an der wissenschaftlichen Erforschung der deutschen und germanischen Geschichte kam ab 1935 der „Gesellschaft zur Förderung und Pflege deutscher Kulturdenkmäler" und der Forschungs- und Lehrgemeinschaft „Das Ahnenerbe" zu.

In der mit dem Band „Der Sachsenhain" beginnenden Reihe werden die Bauten und Kulturobjekte vorgestellt, die von der „Gesellschaft zur Förderung und Pflege deutscher Kulturdenkmäler" erworben, erhalten und gesichert und von den Mitarbeitern des „Ahnenerbes" wissenschaftlich erforscht und untersucht wurden.

Der heute noch imposante Sachsenhain wurde 1935 zur Erinnerung an die 4500 durch Kaiser Karl bei Verden an der Aller ermordeten Sachsen erbaut. Dieses einzigartige, in herrlicher Landschaft gelegene Naturdenkmal diente als Erinnerungsstätte an den Sachsenmord und wurde von der SS, HJ und der Bevölkerung zu gemeinsamen Sonnenwendfeiern und Sportfesten genutzt.

Lesen Sie hier die interessante Geschichte des Sachsenhaines, beginnend bei dem historischen Ereignis des Sachsenmordes und der mit brutaler Gewalt einsetzenden Ausbreitung des Christentums bis zum Bau dieser beeindruckenden Kult- und Mahnstätte ab 1935.

Neben guter Quellenrecherche besticht das Buch durch die noch nie vorher gesehenen Fotografien, die Runen und Sinnbilder an den niedersächsischen Bauernhäusern und den Original-Bauplänen Himmlers.

*145 Seiten, 104 Fotos, Baupläne und Dokumente,* ***17,90 Euro***

**Band II:**

Der Dom zu Quedlinburg - Heinrich Himmlers Feiern am Grab von König Heinrich I.

**Band III:**

Wewelsburg - sagenumwobener geistiger Mittelpunkt von Himmlers Orden der SS

**Band IV:**

SS-Sternwarte Schloß Kranichfeld, Externsteine, Burg Busau und Eulenburg, SS-Berghaus Bayrischzell, Steinkirche Scharzfeld, Hansehäuser Lübeck und Danzig, Ausgrabungsstätte Haithabu

# Der Julleuchter des Reichsführers SS - Ein Hausbuch zur Weihnachtsfeiergestaltung

Der Reichsführer SS Heinrich Himmler verschenkte bis Kriegsende den Julleuchter. Innerhalb der SS wurde dem Julleuchter derartige Bedeutung zuerkannt, daß in den Personalakten der SS-Männer - bis in die höchsten Generalsränge - sein Besitz eingetragen wurde. Warum diente der Julleuchter in den Dreißiger Jahren nicht nur zur Weihnachtsgestaltung, sondern wurde zum Kultgegenstand?
Hier wird die Geschichte des Jahrhunderte alten Julleuchters und den von Himmler jährlich dazu verschenkten Kerzen und der zahlreichen Urkunden erzählt. Ausführlich wird die Verleihungspraxis des Julleuchters auch an Nichtdeutsche beschrieben.
Der Julleuchter ist das bekannteste Erzeugnis der SS-eigenen Porzellanmanufaktur Allach. Himmlers weitere Weihnachtsgeschenke, wie die Julteller und Weihnachtsfigurengruppe von Allach und seine persönlichen Weihnachtskarten werden vorgestellt und in Bildern gezeigt.
Die Bedeutung der Sonnenwendfeiern und der Sonnenwendwettkämpfe wird erklärt. Die neue Form der Eheweihe als Heirat wird beschrieben, wozu auch Julleuchter benutzt wurden. Zum Hausbuch wird dieses Buch dadurch, daß einige Vorschläge zur Feiergestaltung von Julfeiern und Weihnachtsfeiern im Originalablauf wiedergegeben werden.

*Dieses Werk enthält zahlreiche noch nie veröffentlichte Bilder und viele seltene Dokumente zum Thema Julleuchter, Julfeiern, Weihnachten und Heirat im Dritten Reich.* **19,90 Euro**

# DER FREIWILLIGE

## Unsere Zeitschrift:
## Ihr Fenster in die Geschichte!

Wir bringen Geschichte aus erster Hand:
- DER FREIWILLIGE berichtet jeden Monat über Militärgeschichte, Kriegseinsatz aller Einheiten der europäischen Waffen-SS, Zeitgeschehen, Flucht und Vertreibung, Kultur, Brauchtum.

- DER FREIWILLIGE unterhält einen eigenen Suchdienst nach Vermißten und nach Grablagen gefallener Soldaten.

- DER FREIWILLIGE veröffentlicht Nachrichten der Truppenkameradschaften, Anzeigenbörse.

DER FREIWILLIGE berichtet seit 1951 über den Frontsoldaten und über Militärgeschichte. Mitarbeiter in Deutschland und mehreren europäischen Ländern veröffentlichen im FREIWILLIGEN die neuesten Forschungsergebnisse aus militärhistorischem Gebiet, sowie über Waffenkunde, Taktik und Kampfmethodik.

*DER FREIWILLIGE erscheint monatlich,*
*im Großformat mit 36 Seiten und kostet* **42,00 Euro** *im Jahr*

# DER FREIWILLIGE

MILITÄRGESCHICHTE · AKTUELLES · KULTUR · TRUPPENKAMERADSCHAFTEN · SUCHDIENST

53. JAHRGANG
HEFT 1
JANUAR 2007
PREIS 3,50 €

**Aus dem Inhalt:**

Ritterkreuzträger Franz Grohmann vom SS-Regiment „Deutschland"

Flucht aus russischer Gefangenschaft

Sturmbannführer Arthur Quist – Kommandeur der Legion „Norwegen"

Herbert Reinecker gestorben

MUNIN VERLAG

Ein Panzer III im winterlichen Rußland.